Armin Krenz / Roswitha Raue

Bewegung im „Situationsorientierten Ansatz“

Armin Krenz / Roswitha Raue

Bewegung im „Situationsorientierten Ansatz“

Neue Impulse für Theorie und Praxis

Herder Freiburg · Basel · Wien

Im Verlag Herder sind vom Autor außerdem folgende Bücher erschienen:

– **Der „Situationsorientierte Ansatz" im Kindergarten.** Grundlagen und Praxis, 12. Aufl. 1998

– **Die Konzeption – Grundlage und Visitenkarte einer Kindertagesstätte.** Hilfen zur Erstellung und Überarbeitung von Einrichtungskonzeptionen, 4. Aufl. 2000

– **Handbuch Öffentlichkeitsarbeit.** Professionelle Selbstdarstellung für Kindergarten, Kindertagesstätte und Hort, 3. Aufl. 1999

– **Kompetenz und Karriere.** Für ein neues Selbstverständnis der Erzieherin, 3. Aufl. 1999

– **Was Kinderzeichnungen erzählen,** 1. Aufl. 1999 (Neuausgabe)

– **Wie Kinder Werte erfahren.** Wertevermittlung und Umgangskultur in der Elementarpädagogik, 1. Aufl. 1999

Anschrift der Autoren:

Dr. Armin Krenz
c/o Institut für
angewandte Psychologie und Pädagogik
Alter Markt 14
D-24103 Kiel

Dr. Roswitha Raue
Praxis für Psychotherapie
Grietgasse 12
D-07743 Jena

Gedruckt auf umweltfreundlichem,
chlorfrei gebleichtem Papier

3. Auflage

Einbandfoto: Hartmut W. Schmidt, Freiburg
Autorenfoto Dr. R. Raue: © Fotostudio Gebhardt, Jena

Herstellung: Freiburger Graphische Betriebe 2000
ISBN 3-451-27287-3

Inhaltsverzeichnis

Teil C: Literaturangaben

Vorwort

Seit der Herausgabe des Buches „Der ‚Situationsorientierte Ansatz' im Kindergarten" im Jahre 1991 sind fünf Jahre vergangen, und es ist erfreulich, daß diese Publikation inzwischen in der 10. Auflage erscheint. Einerseits ist zu vermuten, daß das Interesse vieler ErzieherInnen ausgesprochen hoch war bzw. ist, die Grundlagen dieses Ansatzes noch besser kennenzulernen, andererseits ergaben sich in der Praxis viele Fragen und Probleme, wenn es um die konkrete Umsetzung in die eigene Praxis ging und geht. Ohne Frage hat der „Situationsorientierte Ansatz" viel bewegt:

- Es wurden und werden bisherige Konzepte überprüft und gegebenenfalls modifiziert.
- Traditionelle Rituale im Kindergarten haben eine Revision erfahren.
- Unsere „Sichtweise von Kindern" hat sich in vielen Kindergärten verändert, so daß gleichzeitig „neue Arbeitswege" gesucht wurden/werden.
- Neue „Generationen von ErzieherInnen" haben es als notwendig empfunden bzw. sehen es als dringlich an, erfahrene Strukturen zu hinterfragen.
- Die Kindergartenpädagogik kam nach einem langen „Dornröschenschlaf" wieder in eine aktuelle Diskussion.
- Ausbildungsschulen für ErzieherInnen sahen und sehen sich veranlaßt, ihren Fächerkanon – gerade in den Bereichen „Pädagogik", „Didaktik und Methodenlehre" – auf die neuen Herausforderungen der Gegenwart zu übertragen und Unterrichtsinhalte und Arbeitsweisen zu überprüfen und zu verändern.

Diese „Bewegungen in der Elementarpädagogik" sind in der Vergangenheit geschehen und passieren immer noch. Dabei ist der Autor des oben genannten Buches sicherlich nicht so vermessen, der Diskussion um den „Situationsorientierten Ansatz" eine alleinige Bedeutung für die Bewegung in der Kindergartenpädagogik zuzuweisen. Vielmehr haben sehr unterschiedliche Menschen und Bedingungen, Veröffentlichungen und Auseinandersetzungen diese Reform in Gang gesetzt und in Bewegung gehalten. Dabei gab es erfreuliche und unerfreuliche, sachliche und unsachliche, qualitätsorientierte und unqualifizierte Fachbeiträge und Diskussionen. Doch unabhängig davon – und das soll an dieser Stelle in aller Deutlichkeit gesagt werden dürfen – ist der „Situationsorientierte Ansatz“ in vieler Munde: sei es in vielen Kindergärten, auf der politischen Ebene (z. B. bei den Diskussionen um Kindertagesstättengesetze oder Rahmenbedingungen), den Fachschulen für Sozialpädagogik oder in der Diskussion der Vertreter unterschiedlicher Ansätze. Ein Blick in die Fortbildungsangebote verschiedener Träger zeigt(e) vermehrt Seminare zum „Situationsorientierten Ansatz“, und auch in vielen Konzeptionen wurde dieser Ansatz berücksichtigt. Gleichzeitig muß sich der Autor auch kritischen Erfahrungen stellen.

Insbesondere wurden im Laufe der Diskussion folgende Probleme offensichtlich:

- daß der „Situationsorientierte Ansatz“ bei einigen ErzieherInnen mehr Verwirrung schafft, als daß er Klarheit bringt;
- daß bestimmte Praxisfragen immer wieder auftauchen und einer Klärung bedürfen;
- daß eigene Beobachtungen in der Praxis von Kindergärten, die sich auf den „Situationsorientierten Ansatz“ berufen, mit den hohen Ansprüchen des Ansatzes in vielen kleinen Merkmalen nicht deckungsgleich sind;
- daß letztlich für einige ErzieherInnen dieser Ansatz ein „rotes Tuch“ ist und personausgerichtete/beziehungsorientierte Diskussionen und Auseinandersetzungen die Folge waren und immer noch sind.

Dieses Buch versucht – wie schon der Titel deutlich macht –, die aktuelle Diskussion zum „Situationsorientierten Ansatz“ auf den Punkt zu bringen und gleichzeitig die Bewegung im doppelten Sinne zu berücksichtigen.

Auf der einen Seite – und das ist der erste Teil dieser Publikation – geht es uns um vertiefende Aussagen zur Praxisgestaltung. Selbstverständlich werden dabei auch theoretische Hintergrundinformationen berücksichtigt und dargestellt.

Auf der anderen Seite – das ist der zweite Teil dieser Publikation – geht es uns um „Bewegung“ im originären Sinn. Gerade die „Bewegungserziehung“ im Leben und Lernen mit Kindern beinhaltet einen Hauptaspekt der täglichen Arbeit der Erzieherin, wobei sie immer noch „funktionalisiert" auf Kinder übertragen wird. Dies ist nicht (!) die Absicht einer Bewegungsbegleitung im „Situationsorientierten Ansatz". Vielmehr wird versucht, die „Bewegungen der Kinder" fachkompetent und in Sinnzusammenhängen zu berücksichtigen bzw. aktiv zu unterstützen.

Die Idee zum Schreiben dieses Buches ergab sich aus der Zusammenarbeit der beiden Autoren: Beide arbeiten mit Kindern und führen einzeln und gemeinsam Fortbildungen für ErzieherInnen durch. Dabei zeigte sich in den Veranstaltungen, in den Vorbereitungstreffen, in den Auswertungssitzungen und den vielen Arbeitsdiskussionen sehr deutlich, daß „Bewegungsaktivitäten" von Kindern mit ihrem Ausdrucks- und Erzählwert eine überaus wichtige Rolle im „Situationsorientierten Ansatz" spielen. Daneben hat – wie vorher erwähnt – dieser Ansatz viel bewegt. So entstand die Vorstellung, eine gemeinsame, interdisziplinär ausgerichtete Publikation zu verfassen. Sie als LeserInnen werden nach dem Bearbeiten des Buches entscheiden, ob es uns gelungen ist, mehr Licht in das „Dunkel" eines aktuellen Ansatzes zu bringen.

Wir wünschen Ihnen viel Freude und hoffen, daß die Diskussion zum „Situationsorientierten Ansatz" in Bewegung bleibt.

Kiel/Jena, Sommer 1996 *Armin Krenz* und *Roswitha Raue*

Widmung

Der „Situationsorientierte Ansatz“ bringt Bewegung ins eigene Leben und das der Kinder. So denke ich ganz besonders an die Menschen, die sich für eine Verbesserung der Arbeitsqualität weit über ein „normales Maß“ eingesetzt haben/ einsetzen:

Zunächst grüße ich Ulla B. aus Duisburg – als Pastorin und Kindergartenbeauftragte berührt sie die Herzen vieler Menschen, und ich freue mich, sie kennen zu dürfen;

dann denke ich an Regine L. aus Schwanebeck (bei Oschersleben), die sich seit vielen Jahren für eine deutliche Kindorientierung in „ihrem“ Kindergarten einsetzt und trotz mancher Rückschläge kraftvoll nach vorne schaut;

Ulli L. aus München, der voller Engagement und Überzeugung den „Situationsorientierten Ansatz“ in seinem Arbeitsbereich ins Gespräch gebracht hat und für Bewegung sorgt(e);

ihnen und all denjenigen, die diesen Ansatz auf den faszinierenden Weg der Praxis gebracht haben, fühle ich mich herzlich verbunden.

Armin Krenz

Bewegung im Situationsorientierten Ansatz ist ein großer Teil meines eigenen Lebens. In meiner therapeutischen und pädagogischen Arbeit nimmt sie eine ebenso große Bedeutung ein wie in meiner Lebensgestaltung.

Ich danke vielen Kindern und Jugendlichen, die sich in meiner Praxis auf eine „Lebensbewegung“ eingelassen haben, im Vertrauen darauf, daß es auch bei schwierigen Problemen eine Lösung geben wird.

Ganz besonders denke ich aber an meine beiden Töchter – Kristin und Kathleen: Beide gestalten ihr bewegtes Leben zu ihrem Glück und lassen mich als Mutter ganz selbstverständlich daran teilhaben.

Roswitha Raue

Teil A:
Praxishilfen zur Verdeutlichung und Umsetzung des „Situations-orientierten Ansatzes“
(Armin Krenz)

1. Der „Situationsorientierte Ansatz" – Klärung eines Begriffs und grundsätzlicher Fragen

Zunächst soll an dieser Stelle das „Gedicht" einer Erzieherin wiedergegeben werden, die ihre Erfahrungen und Eindrücke zum „Situationsorientierten Ansatz" wie folgt in Worte faßte:

Es war einmal vor nicht allzulanger Zeit,
da machte sich ein Schlagwort breit.
Die Pädagogik erschien revolutioniert,
von nun arbeitete jeder „situationsorientiert".

Situationsorientierte Pädagogik ist einfach genial,
sie paßt scheinbar für jeden Einzelfall.
Bei „situationsorientiert" wird jeder Kritiker blaß,
zeigt es ihm doch deutlich: Vor dir sitzt ein pädagogisches As.
Auf Kritik antwortet inzwischen jeder ganz ungeniert:
„Wir arbeiten situationsorientiert."

Die Kassen des Staates sind fast leer,
da müssen neue Lösungen her.
Für eine gesunde Entwicklung dürfen Kinder auch mal ohne Aufsicht sein,
diese Erkenntnis ist famos und spart nebenbei einige Stellen ein.
Völlig falsch wird noch schnell Armin Krenz zitiert,
und die Verantwortlichen begründen Personalkürzungen ganz ungeniert:
„In unseren Kindergärten arbeiten die ErzieherInnen situationsorientiert."

Es gibt gutes und weniger gutes Personal, wie in jedem Beruf,
weil die Gesellschaft eben unterschiedliche Menschen schuf.
Aber manchmal ist die pädagogische Absicht für niemanden mehr zu erkennen.
Doch darf man auch die „Erziehung ohne Absicht" nicht unfähig nennen.
Fragt man nach der pädagogischen Orientierung, so antwortet sie ganz ungeniert:
„Ich arbeite stets situationsorientiert."

Bei einem Kinde stellen sich Entwicklungsverzögerungen heraus.
Liegt das vielleicht an Störungen im Elternhaus?
Weist die Erzieherin im Gespräch auf die Pflichten der Eltern hin,
dann haben die Eltern manchmal ganz anderes als ihre Kinder im Sinn.
Die Verantwortung geben sie ab und fordern ganz ungeniert:
„Eine gute Erzieherin löst das Problem. Sie arbeitet situationsorientiert."

Pädagogische Anforderungen wandelten sich in den letzten Jahren sehr,
doch manche Erzieherin macht schon seit Jahren keine Fortbildung mehr.
Kritisiert man ihre Pädagogik, sie sei ein „alter Hut",
dann antwortet die Erzieherin mit entschlossenem Mut.
Sie teilt uns mit ganz ungeniert:
„Ich arbeite schon seit Jahrzehnten situationsorientiert."

Verschiedene Situationen gibt es wie Sand am Meer,
darum ist auch die sinnvolle Auswahl so schwer.
„Situationsorientiert", ist dieses Wort nicht genial und famos?
Doch scheint es mir durch den strapazierten Gebrauch inzwischen inhaltlos.
Ich gestehe hier ganz ungeniert:
„Ich mag es nicht mehr hören, das ständige „situationsorientiert".

(Agnes B. aus Dorsten)

Die Verfasserin dieses „Gedichts" merkte in ihrem Anschreiben an, daß sie darin ihre Erfahrungen mit der Auslegung des „Situationsorientierten Ansatzes" wiedergeben wollte und bei der Beschäftigung mit dem Ansatz ein „ziemliches Gefühlswirrwarr" erlebt(e). Gleichzeitig fühlte sie sich als Person nicht mehr ernst genommen, klagte ein Recht auf ihre Unvollkommenheit ein, fühlte sich gleichzeitig durch die Gruppenstärke, die Konflikte im Team, die Verantwortung für die Ausbildung, die Tätigkeit als Putzfrau, Hausmeisterin etc. überfordert. Zusammenfassend bringt sie dabei ihr Erleben so auf den Punkt: „Es ist ein ständiges Schwanken zwischen Zustimmung, Ablehnung, Begeisterung und Wut."

Zunächst einmal soll mit dem Briefende dieser engagierten Erzieherin begonnen werden, um das „Wirrwarr" Stück für Stück zu entflechten. Dabei wird davon ausgegangen, daß es in der Auseinandersetzung mit dem „Situationsorientierten Ansatz“ nicht nur dieser Fachfrau so ergeht, sondern auch anderen MitarbeiterInnen in Kindergärten.

1. Offensichtlich schafft es der „Situationsorientierte Ansatz“, ErzieherInnen als ganze Person (!) und in ihrem Empfinden anzusprechen – Zitat: „Es ist ein ständiges Schwanken zwischen Zustimmung, Ablehnung, Begeisterung und Wut.“ Beim „Situationsorientierten Ansatz“ geht es nicht um die einseitige Erweiterung des Wissens – wie beispielsweise beim „Funktionsansatz“, wo bestimmte Techniken oder Methoden im Vordergrund stehen –, sondern vielmehr um die Einheit der drei Persönlichkeitsebenen: Emotionalität (der Bereich der Gefühle), Kognition (der Bereich des Denkens und Wissens) und Handlungskompetenz (der Bereich der Aktivität).

Umso schmerzhafter, angstauslösender, ärgerlicher, freudiger, begeisternder oder irritierender mag es daher für einige ErzieherInnen sein, mit dem hohen Anspruch an eine qualifizierte Pädagogik, wie sie im „Situationsorientierten Ansatz“ gefordert ist, konfrontiert zu werden, andererseits aber auch auf persönliche oder organisatorische Grenzen zu stoßen, die eine Umsetzung erschweren bzw. unmöglich erscheinen lassen.

Zunächst soll daher folgende *Aussage* getroffen werden:

Der „Situationsorientierte Ansatz“ spricht ErzieherInnen ganzheitlich als Person (personale Ebene) und als Fachfrau/Fachmann (berufliche Ebene) an.

2. Der „Situationsorientierte Ansatz“ wird in der Praxis offensichtlich nicht nur als eine „konsequent-kindorientierte Pädagogik“ geschätzt, sondern auch als ein „Markenzeichen“ genutzt, allerdings nicht selten mit einer inhaltsleeren Bestimmung – Zitat: „Da machte sich ein Schlagwort breit“. Ohne Frage deutet der Begriff „Schlagwort“ auf ein Phänomen hin, das einer kurzen Betrachtung bedarf. „Schlagwörter“ bergen grundsätzlich einige Gefahren in sich, die nicht unterschätzt werden dürfen: Sie

a) sind eine Zusammenfassung unterschiedlicher Ebenen mit dem Versuch, eine bestimmte Aussage in Kurzform wiederzugeben. Dabei verlieren sie automatisch ihren ursprünglichen Sinn, je häufiger und in je unterschiedlicheren Situationen sie genutzt werden;
b) entwickeln sich immer mehr zu sogenannten „inhaltslosen Wort-

hülsen", je weniger die Praxis mit dem Wort – situationsorientiert – und seinen Theoriebezügen übereinstimmt;

c) verschaffen Menschen, die entsprechende „Schlagwörter" nutzen, immer mehr ein Alibi, sich mit einem besonderen Schlagwort als „Fachfrau/Fachmann" auszuweisen und zu legitimieren.

Daher darf folgende *Aussage* getroffen werden:

Der „Situationsorientierte Ansatz" ist nur dort ein realer Bestandteil der Arbeit, wo Aussagen und Praxis deckungsgleich sind.

3. Auf der einen Seite haben es die VertreterInnen des „Situationsorientierten Ansatzes" geschafft, bisher unreflektierte, traditionelle Strukturen der Elementarpädagogik in Frage zu stellen und damit in manchen Einrichtungen eine „kleine Revolution" auszulösen – Zitat: „Die Pädagogik erschien revolutioniert."

Allerdings gibt die Folge einer wie auch immer gelagerten „Revolution" zu denken, wenn es in dem Gedicht heißt – Zitat: „Von nun arbeitete jeder ‚situationsorientiert'."

Der „Situationsorientierte Ansatz" hat zunächst einmal grundsätzlich *nie* den Anspruch gehabt, daß *alle* ErzieherInnen sich dieser Arbeitsweise verpflichtet fühlen müssen/sollen!

So wie es in den unterschiedlichen Kindergärten in Ost und West, Süd und Nord, in kommunaler oder freier Trägerschaft, mit einer ausreichenden oder ungenügenden Personalbesetzung, in Städten, Gemeinden oder auf dem Land *immer* sehr unterschiedliche Bedingungen und Fachansprüche der MitarbeiterInnen gab, so differenziert sollten die MitarbeiterInnen auch immer abwägen, welcher elementarpädagogische Ansatz für die Situation der Kinder am hilfreichsten erschien. Der „Situationsorientierte Ansatz" kann und darf weder verordnet noch vorschnell übernommen werden, weil seine Qualität in hohem Maße von der Akzeptanz der ErzieherInnen *und* der für diesen Ansatz notwendigen Selbst-, Sach- und Sozialkompetenz der ErzieherInnen abhängt.

Insofern muß es zu folgenden *Aussagen* kommen:

Der „Situationsorientierte Ansatz" bewirkt häufig grundlegende Veränderungen in der Praxis.
Der „Situationsorientierte Ansatz" ist weder eine „moderne Arbeitsweise" noch ein Beweis für Aktualität!

Der „Situationsorientierte Ansatz“ ist wegen seiner hohen Ansprüche an die Kompetenzen der ErzieherInnen nicht häufiger in der Praxis anzutreffen als andere elementarpädagogischen Ansätze.

4. In der Aussage „Situationsorientierte Pädagogik ist einfach genial, sie paßt scheinbar für jeden Einzelfall“ steckt die Annahme, daß der „Situationsorientierte Ansatz“ einer Willkür unterliegt, indem nämlich bestimmte Gegebenheiten im gemeinsamen Leben und Lernen mit Kindern je nach eigener Einschätzung und dem aktuellen Vermögen der ErzieherInnen „situationsorientiert“ gestaltet werden könn(t)en. Das ist aber nicht der Fall! Vielmehr ist der „Situationsorientierte Ansatz“ ein kontinuierliches Zusammenspiel grundlegender Merkmale, die nicht „punktuell“ eingesetzt werden können. Ein solches Vorgehen entspräche einem „situativen Reagieren“, das wiederum dem Ansatz deutlich widerspricht.

Zusammengefaßt heißt die *Aussage:*

Der „Situationsorientierte Ansatz“ ist eine Vernetzung von Einstellungen der ErzieherInnen, einer bestimmen, humanistisch geprägten kontinuierlichen (!) Arbeitsweise mit Kindern und einem bestimmten Arbeitsverständnis, um Kindern dabei zu helfen, sich in ihrer Persönlichkeit zu entwickeln.

5. Kindorientierte Arbeit verlangt eine ständige Verbesserung der Rahmenbedingungen für Kindertageseinrichtungen! Wer demgegenüber den „Situationsorientierten Ansatz“ als eine Legitimation dafür nutzt, Einsparungen zu begründen oder zu rechtfertigen, pervertiert die Qualitätsansprüche, die immer wieder angemahnt und gefordert werden.

Daher hat die folgende *Aussage* ihre Berechtigung:

Der „Situationsorientierte Ansatz“ fordert(e) in der Vergangenheit und Gegenwart die politisch Verantwortlichen immer wieder dazu auf, Qualitätsmerkmale vor Quantitätsaussagen zu beachten.

6. Jede Pädagogik, die einen Sinn bzw. eine Bedeutung für die Entwicklung von Kindern haben soll, gründet sich auf Absichten, Reflexionen, Überprüfungen, Planungen und gezielten Vorhaben. Der „Situationsorientierte Ansatz“ war, ist und wird in keiner Einrichtung umgesetzt, in der das Prinzip „Zufall“ oder „Abwarten“ gilt. Wie in

Punkt 4 erwähnt, findet in solchen Fällen eine Verwechslung mit dem Begriff „situatives Arbeiten“ statt. Es scheint tatsächlich eine Reihe von ErzieherInnen zu geben, die mit der Legitimation des „Situationsorientierten Ansatzes“ im Rücken annehmen, daß es „richtig“ sei, Kinder sich selbst zu überlassen bzw. die eigene Orientierungslosigkeit auf Kinder zu übertragen.

Wer sich demgegenüber intensiv und ernsthaft mit dem „Situationsorientierten Ansatz“ auseinandersetzt – z.B. mit der Schrittfolge beim Planen von Projekten oder in der Vorbereitung des Ansatzes in der Überprüfung bzw. Veränderung bisheriger Arbeitspraxis –, wird sehr schnell merken, daß dieser Ansatz durch ein sehr strukturiertes Vorgehen geprägt ist: angefangen von schriftlichen Aufzeichnungen bedeutsamer Beobachtungen über schriftliche Auswertungen bis hin zur Analyse der möglich gewordenen neuen Erfahrungen der Kinder. Diese werden wiederum in schriftlicher Form den Eltern zur Kenntnis gegeben, so daß sich Pädagogik nachvollziehbar machen läßt. Ein weiteres Beispiel sind auch strukturierte Teamsitzungen mit einer entsprechenden Protokollführung, einer differenzierten Planung von Projekten (mit Kindern) oder einem geplanten Elternabend zur Verdeutlichung der vergangenen Entwicklungsbegleitung.

Folgende *Aussage* trifft daher den Kern dieses Ansatzes:

Der „Situationsorientierte Ansatz“ ist ein geplantes und strukturiertes Leben und Lernen mit Kindern, in dem pädagogische Absichten überprüft, Entscheidungen getroffen und praktische Arbeitsvorhaben sorgfältig aufgebaut werden.

7. Kindergarten und Elternhaus haben nicht zuletzt durch das „Kinder- und Jugendhilfegesetz“ (KJHG), die entsprechenden Kindertagesstättengesetze und länderspezifischen Verordnungen die gemeinsame Aufgabe, Kinder „in ihrer Entwicklung zu unterstützen und ihnen dabei zu helfen, Selbständigkeit aufzubauen und Fähigkeiten zu erlernen, mit sich und anderen sozial umzugehen“. Es war und ist nie die Aufgabe des Kindergartens gewesen, eine „familienersetzende“ Funktion zu erfüllen. Die Zielsetzung für Kindergarten und Elternhaus kann nur dann erfüllt werden, wenn diese Aufgabe auch *gemeinsam* aufgenommen und umgesetzt wird.

Daher ist folgende *Aussage* zu beachten:

Der „Situationsorientierte Ansatz“ ist weder für den Kindergarten noch für die Eltern eine Legitimation, eigene Verantwortlichkeiten zu delegieren. Sowohl die Institution Kindergarten als auch die Erziehungsberechtigten müssen sich in der Aufgabe wiederfinden, Kinder in der Bewältigung ihrer vielfältigen Lebenseindrücke aktiv zu unterstützen.

8. Kinder haben nicht zuletzt durch ihre „zerteilten Welten, eingegrenzten Lebensräume und aufgeteilten Zeiten“ sichere Orientierungen verloren. Neue Eindrücke, die auf Kinder wirken, und neue Herausforderungen, denen auch ErzieherInnen ausgesetzt sind, verlangen ein immer schwierigeres Umgehen mit neuen Gegebenheiten. Gleichzeitig muß festgestellt werden, daß der „Situationsorientierte Ansatz“ neue Selbst-, Sach- und Sozialkompetenzen von ErzieherInnen verlangt, die in dieser Qualität weder durch die eigene Biographie noch durch die vergangenen und gegenwärtigen Standards der Fach(schul)ausbildungen vermittelt wurden/werden konnten.

Daher besitzen die folgenden „*Aussagen*“ eine zentrale Bedeutung:

Der „Situationsorientierte Ansatz“ wurde weder in der Vergangenheit noch in der Gegenwart „aus sich selbst heraus“ geprägt oder umgesetzt.

Der „Situationsorientierte Ansatz“ ist nur dann zu verwirklichen, wenn ErzieherInnen kontinuierlich Fort- und Weiterbildungsseminare besuchen, um sich vor allem mit der „symbolischen Interaktion“ (der Bedeutung von Ausdrucksformen und ihrem Erzählwert) zu beschäftigen.

9. Wenn es in der letzten Strophe des „Gedichts“ heißt, es gebe „Situationen wie Sand am Meer, darum ist auch die sinnvolle Auswahl so schwer“, dann liegt dem Verständnis des Wortes „Situation“ eine Bedeutung zugrunde, die sich auf *außengerichtete* Situationen bezieht. Gerade diese Sichtweise widerspricht dem „Situationsorientierten Ansatz“ in besonders krasser Weise.

Es geht um Situationen, die sich in den Ausdrucksformen der Kinder verbergen und von Erwachsenen zu „entschlüsseln“ sind. So ist es etwa für die direkte Arbeit völlig belanglos, daß ein Kind den Wunsch verspürt, aus Stoffresten einen Löwenkopf zu werken. Eine vorschnelle Situationsbeachtung könnte dann etwa dazu führen, mit Kindern in den Zoo gehen zu wollen oder bestimmte Bilderbücher mit wilden Tieren zu betrachten. Vielmehr bemühen sich ErzieherInnen, die sich dem „Situationsorientierten Ansatz" verpflichtet fühlen, die Symbolkraft eines Löwen zu verstehen und diese wiederum mit der Biographie des Kindes in Verbindung zu setzen. Da bekannt ist, daß z. B. Löwen als „Wehrtiere" ihre Bedeutung für Kinder besitzen, ergibt sich die Annahme, daß das Kind in der Situation ist, „sich wehren zu wollen/zu müssen". Wehren vor einer Überforderung, einer Belastung, einer Schutzlosigkeit?

Halten wir daher folgende *Aussage* fest:

> Der „Situationsorientierte Ansatz" greift bei seiner Planung von Projekten keine „nach außen gerichteten Situationen" auf, sondern vielmehr Ausdrucksformen der Kinder, um aus ihrem Erzählwert (symbolische Interaktion) die „inneren Themen" der Kinder zu verstehen und in einem möglichen Projekt zu berücksichtigen.

So wie diese neun Vorbehalte/Irritationen von einer Erzieherin geäußert wurden, so gibt es auf der anderen Seite noch viele andere offene Fragen, z. B. diese:

- Wo bleibt beim „Situationsorientierten Ansatz" die „religiöse Erziehung" der Kinder?
  Dürfen dann keine Feste mehr gefeiert werden?
- Wie sieht es denn mit der Vorbereitung der Kinder auf die Schule aus? Lassen wir Erwachsenen die Kinder nicht bewußt in ein tiefes Loch fallen, wenn die Schulvorbereitung ausgeblendet bleibt?
- Wie kann/soll mit Kindern umgegangen werden, die kein Interesse an der Mitarbeit an einem Projekt haben?
  Können/dürfen wir sie dann sich selber überlassen?
- Wie steht es mit der Aufsichtspflicht, wenn Kinder unbeaufsichtigt im Garten spielen und toben?
- Wie unterscheidet sich der „Situationsorientierte Ansatz" von einer „Laissez-faire-Einstellung", zumal doch Kinder alles machen dürfen, was sie wollen?
- Trägt der „Situationsorientierte Ansatz" nicht zu einem Kultur- und Werteverfall bei, wenn Kinder etwa ihr „freies Frühstück" einnehmen können und nicht mehr in der Gesamtgruppe zu festen Zeiten frühstücken?

Dient nicht gerade das „feste Frühstück“ einer Festigung der sozialen Bezüge der Kinder untereinander?
Entwickeln sich die Kinder im „Situationsorientierten Ansatz“ nicht eher zu ausgeprägten Egoisten, wenn ihre Bedürfnisse im besonderem Maße beachtet werden?

Diese und weitere Fragen aus der Praxis sollen im Anschluß an eine zunächst anstehende Klärung des Begriffs „Situationsorientierter Ansatz“ Grundlage für eine vertiefende Auseinandersetzung sein.

Definition:

Der „Situationsorientierte Ansatz“ gibt Kindern die Möglichkeit, individuelle Erfahrungen und Erlebnisse zu verarbeiten und zu verstehen, bedeutsame Fragen zu beantworten und Zusammenhänge zu begreifen, um aus der Bewältigung erlebter Situationen und Ereignisse (Erfahrungen) individuelle und soziale Kompetenzen auf- und auszubauen.

Was ist damit genau gemeint?

1. Wenn es heißt, daß der „Situationsorientierte Ansatz“ Kindern die Möglichkeit gibt, dann kommt gleich zu Anfang der Definition zum Ausdruck, daß Kinder während ihres Kindergartenbesuches nicht einem Zwang, einem Druck oder einem starren Muster der Arbeit ausgesetzt sind. Vielmehr baut der „Situationsorientierte Ansatz“ seine grundlegenden Prinzipien auf bestimmten Werten auf, die z.B. Mitsprache, Wertschätzung und Achtung individueller Bedürfnisse oder Akzeptanz unterschiedlicher Interessen beinhalten.

Um an dieser Stelle einem *Vorurteil* entgegenzuwirken, sei gesagt, daß es *nicht* bedeutet, daß Kinder alles machen dürfen/können, was sie wollen. Vielmehr gibt es in „situationsorientiert“ arbeitenden Kindergärten feste Regeln, die allerdings mit Kindern abgesprochen werden. Mitsprache statt Bestimmung, Beteiligung statt Vorgaben und Gemeinsamkeit statt Anordnung sind nicht Absichtserklärungen, sondern wesentliche Bestandteile des täglichen Umgangs miteinander (Beispiele: Kinderkonferenz, Projektplanungen, Suchen von Problemlösungen).

2. Kinder leben in einer zunehmend technisierten und konsumorientierten Welt, in der ungezählte Eindrücke auf sie einwirken. Dazu kommen eigene biographische Erfahrungen, die Kinder in ihrer

Entwicklung mehr oder weniger stark behindern: z. B. Irritationen, die Kinder durch Elternstreitigkeiten oder Trennung erleben müssen, fehlende Zeit der Erwachsenen für Kinder, Überforderungen durch überhöhte Ansprüche, Einschränkungen durch eingegrenzte Erfahrungsräume, Einsamkeit durch Vernachlässigung, Unsicherheiten durch übertriebenes Sorgeverhalten oder Ängste durch erlebte Mißhandlungen, die in vielen Schattierungen auf Kinderseelen wirken und ihre – oftmals – lebenslangen Spuren hinterlassen. Kinder befinden sich daher in einer durchweg konfliktreichen Situation: Auf der einen Seite wollen sie Erfahrungen machen, die ihnen helfen können, Ausdrucksformen ihres Lebens umzusetzen, auf der anderen Seite sehen sie sich neuen Anforderungen ausgesetzt, sich selbst in Kindergärten mit bestimmten Themen zu beschäftigen.

Der „Situationsorientierte Ansatz" versucht nun, Kindern bei diesen Widersprüchen dadurch zu helfen, daß sich der Kindergarten als ein Ort versteht, Raum und Zeit zur Verfügung zu stellen, damit

- individuelle Erfahrungen und Erlebnisse verarbeitet und verstanden;
- die für Kinder (!) bedeutsamen Fragen beantwortet
- und Zusammenhänge begriffen werden können.

Um auch an dieser Stelle einem *Vorurteil* entgegenzuwirken, soll sofort erwähnt werden, daß dies *nicht* heißt, Kinder sich selbst zu überlassen, sondern sie in ihrer Auseinandersetzung *konsequent und kompetent* zu begleiten. Das geht aus Sicht des „Situationsorientierten Ansatzes" *nur,* wenn ErzieherInnen einerseits die Ausdrucksformen von Kindern *verstehen und* in entsprechenden Projekten (oder ggf. Einzelaktivitäten) *berücksichtigen.*

3. Auf der Grundlage entwicklungspädagogischer Erkenntnisse geht der „Situationsorientierte Ansatz" davon aus, daß *durch* eine erneute Beschäftigung mit eigenen Erlebnissen und Erfahrungen Kinder in die Lage versetzt werden, *während* und mit Hilfe der Auseinandersetzung individuelle und soziale Kompetenzen auf- und auszubauen. Anders ausgedrückt: Wenn Kinder die Möglichkeit haben, in vielfältiger Projektarbeit „Vergangenheitsbewältigung" zu unternehmen, können auf diese Weise Irritationen, Ängste, Belastungen, Spannungen oder Ärger abgebaut werden. Damit wird für Kinder der Weg frei, innewohnende Kompetenzen erneut zu spüren und nach einem eigenen Entwicklungszeitraum auszuprobieren bzw. zu nutzen. Beispiele aus der Erwachsenenwelt mögen dies verdeutlichen:

a) Männer/Frauen, die in ihrer Biographie ein hohes Maß an Fremdbestimmung erfahren haben, können in ihrer späteren Lebensgestaltung nur schwer/kaum/gar nicht ein selbstbestimmtes und selbstwertorientiertes Leben führen, weil „alte Muster“ innerhalb der eigenen Lebensplanung für entsprechende Handicaps sorgen. Der Ausspruch „Gefahr erkannt – Gefahr gebannt“ trifft leider für eine Veränderung von Lebensplänen *nicht* zu. Vielmehr können wir Erwachsenen uns „kognitiv“ sehr viel vornehmen:

- jemandem endlich einmal die Meinung zu sagen;
- ins Flugzeug zu steigen trotz einer Flugangst;
- eine Spinne anzufassen trotz einer inneren Abwehr;
- einen Konflikt aufzudecken trotz der Erwartung negativer Folgen;
- die Wahrheit zu einem bestimmten Punkt auszusprechen trotz der vorhandenen Angst vor einer starken Verletzung etc. …

Dennoch zeigt sich in den entsprechenden Situationen – wenn es endlich soweit ist –, daß viele Vorhaben trotz eines starken Willens in der Praxis scheitern, *weil* bestimmte Gefühle den Handlungen einen Riegel vorschieben.

b) Viele Erwachsene nehmen sich fest vor, bei den eigenen Kindern nicht die „Fehler“ zu wiederholen, die sie in ihrer Biographie durch die eigenen Eltern erfahren mußten. Schnell heißt es: „Das mache ich ganz anders. Das möchte ich meinem Kind nicht zumuten. Mein Kind soll es einmal besser haben.“

Ist die Situation da, selbst Vater oder Mutter zu sein, geschieht es oft, daß Eltern sich bei der Wiederholung bestimmter „Fehler“ entdecken.

In beiden Fällen *kann* eine Veränderung nur geschehen, wenn Menschen sich noch einmal erlebend (durch psychotherapeutische Beratung, Selbsterfahrung, Gruppenarbeit, Tagebuchschreiben, Psychotherapie, Malen, Lesen, Meditation …) mit ihren besonderen Situationen auseinanderzusetzen!

Nicht selten kommt auch hier ein *Vorurteil* zum Vorschein, wenn es etwa heißt, daß damit der „Situationsorientierte Ansatz“ ein psychotherapeutisches Verfahren sei und der Kindergarten/die Fachfrauen dafür weder ausgebildet noch dafür vorgesehen seien.

- Der Begriff „Therapie“ ist in seiner Bedeutung leider von seinem Ursprung her stark verfremdet worden. So kann bei dem Versuch einer Begriffsbeschreibung festgehalten werden, daß seine ursprüngliche Bedeutung mit „jemandem dienen“ übersetzt werden muß.

Wenn der „Situationsorientierte Ansatz“ durch seine bestimmte Arbeit Kindern *dienen* soll/will, sich zu entwickeln, so ist gegen den Gebrauch des Wortes nichts einzuwenden.

- Selbstverständlich ist es weder die Aufgabe des Kindergartens, noch entspricht es der Ausbildung der ErzieherInnen, im klassischen Sinne „Psychotherapie“ zu machen. Allerdings kann in der ursprünglichen Bedeutung dieses griechischen Wortes festgehalten werden, daß eine Pädagogik, die der „Seele dient“ (i.S., daß sie hilfreich für die Seelenentwicklung ist), durchaus akzeptabel ist.
- Die stärksten Vorbehalte zum „Situationsorientierten Ansatz“ im Sinne einer „therapeutischen Begleitung“ (aus einem oben genannten traditionellen Verständnis heraus!) kommen von Akademikern, die Wert darauf legen, den Kindergarten auch in seiner traditionellen Rolle beizubehalten. Es kann daraus rückgeschlossen werden, daß eine solch starke Abwehr letztlich den Sinn hat, bestehende Strukturen zu festigen, entsprechend dem Motto: „Schuster, bleib bei deinen Leisten.“
  Demgegenüber ist der „Situationsorientierte Ansatz“ weder auf bestimmte Rollenklischees festgelegt noch auf die Einhaltung bestimmter, traditioneller Hierarchiestrukturen bedacht. Es kann durchaus sein, daß ErzieherInnen – vielleicht ohne es zu wissen – eine bessere „therapeutische Begleitung“ realisieren als ausgebildete Psychotherapeuten.

Zusammenfassend läßt sich sagen, daß damit folgende Grundannahme des Ansatzes zum Ausdruck kommt:

Wenn es durch die Projekte im „Situationsorientierten Ansatz“ dazu kommt, daß Kinder sich mit vergangenen, in ihnen liegenden Ereignissen und Erlebnissen auseinandersetzen können, ist die Chance einer für das Kind positiven Entwicklung gewahrt.

Anders ausgedrückt, mit einem symbolischen Bild:

> Es kommt nicht darauf an,
> daß Kinder noch mehr in ihren Rucksack
> an neuen Erfahrungen aufnehmen,
> sondern Möglichkeit erhalten,
> ihren Rucksack zu öffnen und sich
> von Erfahrungen/Irritationen zu befreien,
> indem sie sich entlasten.

War es in der traditionellen Elementarpädagogik immer das Ziel, Kinder auf die Zukunft vorzubereiten, so ist es im „Situationsorientierten Ansatz" das Ziel, sich von Vergangenem zu befreien, *weil* damit automatisch eine Gegenwarts- und Zukunftsorientierung möglich wird.

Erinnert sei in diesem Zusammenhang noch einmal an die Graphik zur Verdeutlichung dieser Aussage* :

Die drei Zeitebenen des Lebens:
Vergangenheit ↔ Gegenwart ↔ Zukunft

Erläuterung:

1. Der „Funktionsorientierte Ansatz" geht davon aus, daß Kinder „Defizite" in ihrem aktuellen Leben haben und Kindheit eine „unvollständige Form des Erwachsenenseins" ist.

Insofern sind alle Ziele und Vorhaben auf die (unmittelbare/mittelbare) Zukunft ausgerichtet bei einer gleichzeitigen Vernachlässigung der Vergangenheit. Gleiches gilt für alle anderen Ansätze mit zukünftigen Zielstellungen!

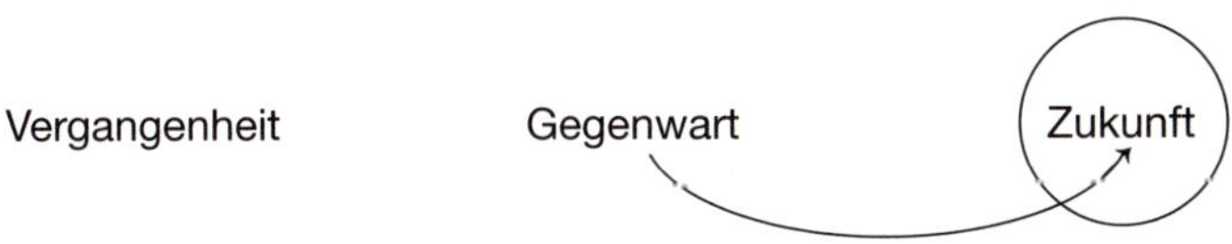

2. Arbeitsweisen, die sich – wenn auch unausgesprochen – einer „Laissez-faire-Pädagogik" zuordnen, konzentrieren sich auf Erlebnisse der aktuellen Gegenwart! Vergangenheit und Zukunft werden weder direkt noch indirekt berücksichtigt.

3. Der „Situationsorientierte Ansatz" versucht, gegenwärtige Ausdrucksformen der Kinderleben zu verstehen (zu entschlüsseln), auf Ereignisse, Erlebnisse oder Erfahrungen der Kinder in der Vergangenheit Bezug zu nehmen, diese erneut in die Gegenwart „verarbeitend"

* Krenz: Kompetenz und Karriere, Freiburg, 2. Aufl. 1995, S. 56.

zu übertragen, so daß durch neue Handlungserfahrungen „automatisch“ Kompetenzen für die Zukunft auf- und ausgebaut werden (konnten).

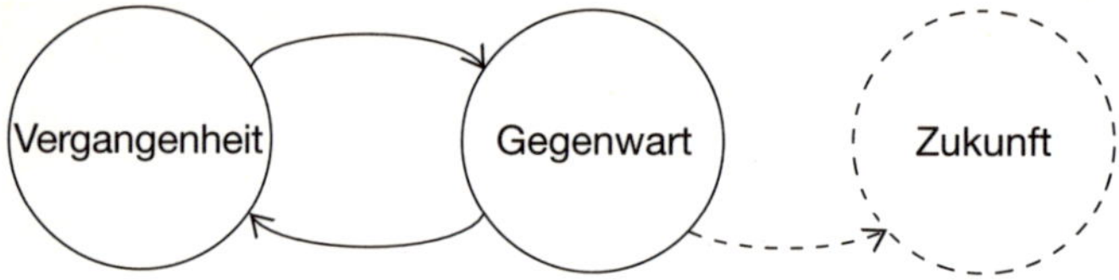

2. Anfang und Weiterentwicklung des „Situationsorientierten Ansatzes“ in Kindergärten vor Ort

Der „Situationsorientierte Ansatz“ ist neben vielen anderen Ansätzen und Orientierungen in der Elementarpädagogik eine Arbeitsform, die *nicht* spontan und aus einer kurzfristigen Entscheidung heraus umgesetzt werden kann.

Vielmehr läßt sich das Vorgehen in dem Prozeß von der Auseinandersetzung über die Entscheidung zur Vorbereitung und schließlich zur Umsetzung als ein langer und schwerer Weg beschreiben, der neben einer gründlichen Bestandsaufnahme der aktuellen Arbeit über eine Auswertung der bisherigen Tätigkeit schließlich zu einer Veränderung der Praxis führt.

Bildlich ausgedrückt kann das Vorgehen mit dem Bau eines Hauses verglichen werden, das letztlich einen langen Lebenswert haben soll und gegen Sturm, Regen, Gewitter, Orkanböen und Erderschütterungen Stabilität zu zeigen hat.

Deshalb soll das Beispiel eines Hauses auf den „Situationsorientierten Ansatz“ in seinen wesentlichen Schritten übertragen werden:

1. Zunächst einmal setzen sich die Bauinteressenten mit ihrem Wunsch nach einem Hausbau auseinander. Sie vergleichen ihr bisheriges Wohnen (= ihre bisherige Arbeit) mit einer angestrebten neuen Wohnkultur (= die Neugestaltung ihrer Arbeit), wägen dabei Vor- und Nachteile ab und machen schließlich einen Kassensturz (= Überprüfung der notwendigen Kompetenzen), ob sie sich das Haus leisten können bzw. leisten wollen.

2. Bei einer positiven Bilanz und der Entscheidung für ein neues Haus (= für einen neuen Arbeitsansatz) werden als nächstes entsprechende Bauträger aufgesucht (= Fortbildungsangebote wahrgenommen) und dabei bestimmte Haustypen (= pädagogische Ansätze), miteinander verglichen (selbstverständlich auch hier Preis-Leistungs-Verhältnis (= Vergleich des Aufwands mit dem Out-Put).

3. Ist eine entsprechende Entscheidung gefallen, kommt es zur Suche eines geeigneten Bauplatzes (= Frage: „Ist es in unserem Kindergarten

möglich?"). Anschließend wird der Termin für den Baubeginn festgelegt (= Terminplanung für die regelmäßigen Treffen zur Auseinandersetzung mit dem entsprechenden Ansatz).

4. Zur gleichen Zeit kommt es zur Festabsprache mit den Banken, zu welchen Konditionen die entsprechenden Hypotheken vergeben werden und wie hoch der eigene Abzahlungsbetrag sein wird (= Erfahrungen besitzen/kosten ihren Preis!).

5. Steht der Bauplatz fest (= Entscheidung für den „Situationsorientierten Ansatz"), werden entsprechende Baufirmen und Handwerker hinsichtlich ihrer Kompetenz ausgesucht und erhalten den Gewerke-Auftrag. Dabei äußern die Bauinteressenten ihre Vorstellungen, und Mißverständnisse werden ausgesprochen und geklärt (= inhalts- und beziehungsorientierte Klärung beruflicher und persönlicher Ansichten/Erwartungen/Hoffnungen/Ängste).

6. Nun erst beginnt der eigentliche Bau (= die eigentliche langsame Errichtung des Hauses „Situationsorientierter Ansatz").

Zunächst wird der Boden ausgehoben, Bagger befördern den Untergrund aus einer zu entstehenden Grube, bis schließlich der Platz für den Unterbau des Hauses geschaffen ist (= Besprechung/Aufarbeitung vergangener Konflikte, Hervorholen „alter Schuhe" aus zurückliegenden Beziehungskonflikten, Lösung von alten und hinderlichen Strukturen).

7. Jetzt endlich kann das Fundament (= die Grundlage für die Verwirklichung des „Situationsorientierten Ansatzes") gegossen werden (= Treffen von grundsätzlichen Entscheidungen und verbindlichen Absprachen).

8. Auf dieses Fundament wird schließlich der Hauskörper gebaut – Stein für Stein (= Stück für Stück in der Vorbereitung des Ansatzes).

9. Ist dieser Vorgang abgeschlossen, folgt das Dach mit seinen Ziegeln (= Beendigung des Rohbaus entspricht der Beendigung der ersten großen Vorbereitung).

10. Erst jetzt (!) beginnen die Arbeiten mit dem Innenausbau (= erste Planung von Projekten). Wieder werden entsprechende Fachleute (InnenarchitektInnen = ReferentInnen) um Rat gefragt, Freunde angesprochen (= Kontaktaufnahme mit anderen „situationsorientiert" arbeitenden Kindergärten) und die eigene Familie wird entsprechende Entscheidungen treffen (= Finden von Lösungen im Team).

11. Erst wenn auch die Inneneinrichtung feststeht – mit all' den Fragen, was beispielsweise noch von der alten Wohnung (= der vergangenen Arbeit) mitgenommen werden kann/soll und was *neu* anzuschaffen ist (= wer welche neuen Handlungskompetenzen noch deutlicher als bisher zeigen muß), kann das Haus bezogen werden (= Durchführen von Projekten).

12. Jede Hausbesitzerin/jeder Hausbesitzer kennt dabei die Notwendigkeit der Nachbesserungen (= Konfrontation mit unvorhersehbaren Ereignissen im Team bzw. auf der organisatorischen Ebene) und weiß, daß es immer neue Arbeiten am/im Haus auszuführen gibt.

Manches kann mit eigenen handwerklichen Fähigkeiten (= erzieherischen Kompetenzen) ausgebessert/wiederhergestellt werden; für manche Arbeiten sind allerdings erneut Handwerker von außen (= ReferentInnen/SupervisorInnen) hilfreich und notwendig.

13. Wohnen die neuen HausbesitzerInnen in ihrem Domizil, werden sie sicherlich von Zeit zu Zeit den Hausplan (= die Einrichtungskonzeption) des Architekten vornehmen, um zu vergleichen, ob die Absprachen und Entscheidungen eine gute Wahl gewesen sind *oder* ob zum heutigen Zeitpunkt andere Raumschnitte (= Innenentscheidungen) vorteilhafter gewesen wären (= Bestandsaufnahme zum Ansatz). Vielleicht ärgern sich die Bauherren im Nachhinein über bestimmte Handwerker (= MitarbeiterInnen), mit denen sie nicht konsequent und klar genug den Arbeitsauftrag besprochen hatten. Gleichzeitig wissen sie aber, daß bei Nachbesserungsarbeiten erneute klare Absprachen getroffen werden können.

Der „Situationsorientierte Ansatz“ fängt entsprechend diesem Beispiel *nie* mit dem Bau eines Daches oder seiner Inneneinrichtung an.

Dasselbe gilt für den Bau des Hauses, bei dem *nie* ohne eine sorgfältige Bodenuntersuchung oder ein entsprechend festes Fundament Stein auf Stein gesetzt wird.

So beginnt der „Situationsorientierte Ansatz“ auch *nie* mit einer isolierten Projektplanung/-durchführung, weil damit Sinnzusammenhänge außer acht gelassen würden und ein „Einsturz des Hauses“ (= Zusammenbruch des Ansatzes) vorprogrammiert wäre. In der Übersicht des Bildes „Haus“ könnte es daher so aussehen:

Projektarbeit:

Teil 4: Planung/ Durchführung von Projekten

Vorbereitung:

Teil 3:

- kontinuierliche Fortbildung aller Fachkräfte;
- Raumgestaltung/Außengestaltung mit Kindern;
- aktive Öffentlichkeitsarbeit;
- Einbeziehung des Gemeinwesens in die tägliche Arbeit;
- qualifizierte Anleitung und Beratung der PraktikantInnen;
- Zusammenarbeit mit dem Träger;
- Zusammenarbeit mit den Eltern;
- Zusammenarbeit mit anderen sozialen Diensten;
- Zusammenarbeit mit anderen Kindergärten;
- Zusammenarbeit mit der Ausbildungsschule;
- Erörterung/Diskussion zur Aufwertung des „Spiels";
- Erstellung einer individuellen Einrichtungskonzeption;
- Thematisierung/Klärung bisheriger „Team"arbeit;
- Erörterung/Erwerb notwendiger Handlungskompetenzen;
- Erörterung/Festlegung des notwendigen Rollenverständnisses;
- Entscheidung für den „Situationsorientierten Ansatz".

Fundament (Teil 2)

Teil 1:

- Besprechung/Aufarbeitung grundsätzlicher Fragen, Probleme, Strukturen;
- Terminplanung für das weitere Vorgehen;
- Kennenlernen und Vergleich der unterschiedlichen pädagogischen Ansätze in der Elementarpädagogik;
- erste Auseinandersetzung mit bestimmten Ansätzen in Fort- und Weiterbildungsseminaren;
- grundsätzliche Bestandsaufnahme zur bisherigen Arbeit (Ist-Soll-Differenz):
  Wie strukturiert/unstrukturiert wurde/wird bisher gearbeitet?
  Welcher Ansatz wird praktiziert (Wunsch-/Realbild)?

2.1. Erste Hinweise für die Praxis zur Vorbereitung des „Situationsorientierten Ansatzes“

Die Frage vieler MitarbeiterInnen in Kindergärten, „wie komme ich zu Projekten?“, zeigt einerseits das ernsthafte Bemühen, kindorientierte Arbeit durch ein bestimmtes Vorgehen im Tagesablauf umsetzen zu wollen, andererseits kommt dabei aber auch zum Vorschein, daß – wie häufig in der Pädagogik – „ein Pferd von hinten aufgezäumt“ werden soll. Wie schon im vorigen Teil der Ausführungen erwähnt, beginnt der „Situationsorientierte Ansatz“ *nie* mit einer direkten Veränderung der Arbeit mit Kindern.

Stattdessen wird gezielt der Boden für eine erfolgreiche Projektplanung/-durchführung vorbereitet.

Ein guter Anfang zur *Vorbereitung* des „Situationsorientierten Ansatzes“ kann dadurch unternommen werden, daß sich die MitarbeiterInnen zunächst an eine *Bestandsaufnahme* ihrer bisherigen Arbeit heranwagen. Dazu bietet es sich an, anhand vieler Beispiele aus der Praxis zu erklären, ob es überhaupt einen bestimmten Ansatz gibt, nach dem im Kindergarten gearbeitet wird. Dabei kann es passieren, daß schlagwortartige Aussagen fallen, mit denen ein Arbeitsschwerpunkt charakterisiert werden soll. Schlagworte reichen aber nicht aus! Sie sind eher dazu geeignet, daß für einen bestimmten Ansatz typische Inhalte unberücksichtigt bleiben.

Auf der anderen Seite kann es aber auch geschehen, daß MitarbeiterInnen sich nicht auf einen bestimmten Ansatz festlegen können bzw. möchten. Das kann sehr unterschiedliche Gründe haben:

- MitarbeiterInnen sehen in einem bestimmen elementarpädagogischen Ansatz eine zu starre Festlegung und wehren diese ab;
- MitarbeiterInnen sehen sich nicht in der Lage, bestimmte Ansätze *genau* wiederzugeben, weil ansatztypische Merkmale unbekannt oder nur in ihrer Struktur „ansatzweise“ bekannt sind;
- MitarbeiterInnen können sich entschieden haben, einen eigenen Ansatz zu kreieren, von dem sie annehmen, daß dieser im Hinblick auf ihre besondere Situation am besten geeignet scheint, eigene Ziele zu verwirklichen.

Günstig ist es daher, zunächst die Arbeitsweise einzelner vorstellen zu lassen, Ziele zu nennen und Beispiele vorzustellen, um Deckungs-(un)gleichheiten zu entdecken. Dabei ist es von besonderer Bedeutung, daß *alle* MitarbeiterInnen beteiligt sind und jede (!) Mitarbeiterin zur Transparenz ihrer Praxis beiträgt. Bei dieser Bestandsaufnahme sollte es gelingen, beim Vergleich einer Ziel- und Praxisdiskussion auch erreichte Ergebnisse zu betrachten, etwa unter folgender Fragestellung:

- Wie genau wurden die Ziele präzisiert, und wie zuverlässig konnte beobachtet werden, daß gesetzte Ziele auch *tatsächlich* in der Veränderung/Stabilisierung der Verhaltensweisen von Kindern vorzufinden waren?

Allein diese Fragestellung läßt eine *Ergebnisprüfung* zu, die leider in der Praxis zu selten durchgeführt wird. Wenn MitarbeiterInnen zu vage Ziele formuliert hatten bzw. haben, dann ist eine Überprüfung kaum bis gar nicht möglich.

Folgendes Arbeitsblatt kann dabei hilfreich sein, das Wesentliche auf den Punkt zu bringen:

Kindergartengruppe: ______________________

ErzieherInnen: ______________________

Ziele	Zeitspanne	inhaltliche Schwerpunkte	methodische Schwerpunkte	Ziel: erreicht?

MitarbeiterInnen sollten durchaus den Mut besitzen, bei der Analyse der (nicht) erreichten Ziele deutlich in die Bestandsaufnahme einzutreten: Wurden zum Beispiel Ziele formuliert, daß die Kinder in der Gruppe

- eigenen Bedürfnissen folgen konnten, um mit eigenen Zeit- und Materialvorstellungen ihre Tagesabläufe selbstbestimmt zu gestalten;
- ihre Rechte auf Wertschätzung und Respekt ihrer Person wiederfinden können (konnten);
- bei einer Verletzung ihrer Würde Hilfestellung durch die Erzieherin bekamen;
- ihre Meinung zu allen Fragen, die sie betrafen, äußern konnten;
- ihre subjektiven Bewegungspotentiale und -bedürfnisse Tag für Tag ausdrücken konnten;
- durch die Projektarbeit „…“ in ihrer Selbständigkeit unterstützt wurden oder
- ungestörte Rückzugsecken nutzen konnten, um individuellen Bedürfnissen nachgehen zu können;

dann gibt es in dem Praxisvergleich anhand vieler Beispiele *nur* zwei Antwortmöglichkeiten: ja bzw. nein.

Jede Form der Kindergartenpädagogik kann nur dann ihr *Profil* auf- und ausbauen, wenn die Einrichtung sowohl im Innenverhältnis (MitarbeiterInnen) als auch im Außenverhältnis (Eltern, Träger, andere Einrichtungen, Öffentlichkeit, Ausbildungsschule, PraktikantInnen) ihren *Ansatz* sowohl theoretisch als auch praktisch transparent machen kann. Erst wenn Pädagogik „griffig, stimmig und nachvollziehbar“ wird, hat sie ein Recht im Hinblick auf die Forderung, eine *eigenständige Qualität* zu besitzen. In manchen Kindergärten ist nicht nur ein einheitlicher Ansatz zu vermissen, sondern auch eine widersprüchliche Pädagogik im Vergleich der Gruppenarbeit festzustellen. Wen wundert es da, daß Eltern unzufrieden sind und die Gruppenarbeit untereinander vergleichen. Ein besonderes Merkmal einer widersprüchlichen Arbeit kommt dann zum Vorschein, wenn z. B. Eltern durch Vorinformationen/Vorerfahrungen den Wunsch äußern, ihr Kind möge doch in die Gruppe X bei Frau Y kommen – dort werde noch was gelernt bzw. da fühlten sich die Kinder wohl. Noch dramatischer wäre es, wenn Eltern im Vergleich bestimmter Aussagen von ErzieherInnen aus unterschiedlicher Gruppen auf Widersprüche stoßen würden.

Eine solche Erfahrung ist – gelinde gesagt – für eine kindorientierte Pädagogik voller Schaden und unwürdig, weil sie Eltern und ErzieherInnen sowie die Fachkräfte untereinander in Gruppen spaltet und auseinanderbringt.

Um bestimmte Anlässe kennenzulernen, ist es günstig, sich mit entsprechender Fachliteratur oder in Fort- und Weiterbildungsseminaren damit auseinanderzusetzen.

Einerseits kann es dabei so aussehen, daß MitarbeiterInnen

- in persönlicher Auseinandersetzung *jeweils in Einzelarbeit* bestimmte Fachbücher lesen und dann in der MitarbeiterInnenrunde vorstellen oder
- in *kleinen Arbeitsgruppen* jeweils ein Fachbuch zu einem bestimmten Ansatz erarbeiten und die spezifischen Merkmale anhand eines zu erstellenden Arbeitsblattes anschließend im Gesamtkreis aller erläutern.

Andererseits können KollegInnen – stellvertretend für die gesamte MitarbeiterInnenrunde – Fort- oder Weiterbildungsveranstaltungen besuchen, um vorgestellte bzw. erarbeitete Ergebnisse während einer Dienstbesprechung einzubringen.

Besonders hilfreich ist es, wenn *alle MitarbeiterInnen einer Einrichtung gemeinsam* an einem entsprechenden Seminar teilnehmen, damit von einer gleichen Grundlage in der weiteren Diskussion und Entscheidungsfindung ausgegangen werden kann. Häufig wird die Meinung vertreten, daß „abgeordnete KollegInnen" zwar die übrigen Teammitglieder über Inhalte und besondere Schwerpunkte informieren können, doch zeigt sich in der Praxis, daß die Information immer sehr unterschiedlich ist, je nachdem, ob Inhalte aus erster oder zweiter Hand vermittelt/erlebt wurden.

Ist die Gesamtgruppe der MitarbeiterInnen nun über *alle wesentlichen, zur Zeit vieldiskutierten Ansätze* informiert, sollte unbedingt im dritten Arbeitsschritt ein *Vergleich der unterschiedlichen Ansätze* vorgenommen werden. Dabei darf es nicht in erster Linie darum gehen, ob bestimmte Ansätze „richtig" zu sein scheinen, zumal auch „Richtigkeiten" einer subjektiven Beurteilung unterliegen, oder ob MitarbeiterInnen bestimmte Ansätze „gut" finden, sondern *welcher Ansatz* im Hinblick auf die Kinderleben *heute (!)* für eine Entwicklungsbegleitung besonders stimmig und hilfreich zu sein scheint.

Ein Vergleich bringt dabei Gemeinsamkeiten und Unterschiede, Entsprechungen und Widersprüche auf den Punkt. Er führt dazu, bestimmte Aussagen und Inhalte sehr deutlich zu erfassen und hinterfragen/bestätigen zu können. Zum anderen wird jener Ansatz in seiner Gesamtübersicht (!) erfaßt, so daß nicht nur einzelne Aussagen mit bestimmten Ansätzen verbunden sind. Genau darin liegt ansonsten eine Gefahr, daß zu schnell und damit zu oberflächlich eine Entscheidung für/gegen einen Ansatz getroffen wird.

Ein solch vorgeschlagener Vergleich kann zum Beispiel unter folgenden Fragestellungen vorgenommen werden:

Besondere Merkmale:	Ansatz A	Ansatz B	Ansatz C
Welches Menschenbild legt der Ansatz offen?			
Welcher pädagogischen Richtung fühlt sich der Ansatz verpflichtet?			
Stimmen Menschenbild und pädagogische Richtung tatsächlich überein?			
Welches Rollenverständnis liegt dem Ansatz im Hinblick auf Kinder zugrunde?			
Welches Rollenverständnis haben ErzieherInnen in diesem Ansatz?			
Stimmen Menschenbild, pädagogische Richtung und die Rollenverständnisse überein?			
Welche Kinderrechte werden effektiv berücksichtigt?			
Werden/sind Kinder aktiv oder passiv an der Planung/Durchführung beteiligt?			
Findet eine ganzheitliche Entwicklungsunterstützung der Kinder statt, oder sind die Tage(sabläufe) in Teilbereiche zergliedert und Entwicklungsschwerpunkte funktionalisiert?			
Welche Handlungskompetenzen werden von den ErzieherInnen erwartet?			

Welche „Bündnispartnerschaft“ – mit Kindern oder Eltern – offenbart der Ansatz?			
Sollen Eltern ein Mitsprache-, Mitentscheidungs- oder Mitbestimmungsrecht haben?			
Geht es bei dem Ansatz um die Entwicklung von Fähigkeiten oder die Förderung von Fertigkeiten?			
Hat der Ansatz einen berufspolitisch anspruchsvollen Hintergrund?			
Offenbart der Ansatz einen (gesellschafts)politischen Anspruch? Wenn ja – welchen?			
Fordert der Ansatz zu einer ständigen Selbstreflexion/ Teamauseinandersetzung auf?			
Welche Bedeutung wird dem „Spiel“ in all’ seinen Facetten zugedacht?			
Stimmt die zugedachte Bedeutung mit dem Menschenbild, der pädagogischen Richtung, dem Rollenverständnis und den Praxisschwerpunkten überein?			
Welches Maß an Loyalität zum Träger kommt in dem Ansatz zum Vorschein?			
Welche Merkmale der praktischen Arbeit finden sich im Erziehungs-, Bildungs- und Betreuungsauftrag wieder?			
Inwieweit sind die Daten heutiger Kindheiten in dem Ansatz berücksichtigt?			

Welcher Ansatz scheint am stimmigsten zu sein?			
Welcher Ansatz soll – im Interesse der Kinder (!) und unter Berücksichtigung vorhandener Potentiale – noch deutlicher in Angriff genommen werden?			

Nachdem die Eckwerte der unterschiedlichen elementarpädagogischen Ansätze *wirklich kennengelernt* und *miteinander* – anhand spezifischer Fragen und entsprechender Antworten aus der Fachliteratur – *verglichen* wurden, bietet es sich an, eine *Terminplanung* für das weitere Vorgehen zu beschließen. Dabei können folgende Überlegungen eine Rolle spielen:

1. Was steht als nächstes für einzelne MitarbeiterInnen bzw. für die Gesamtgruppe an?

Sollen weitere Beispiele aus der eigenen Praxis für den Stellenwert bestimmter Aussagen gesucht, gesammelt und ausgewertet werden?

Welche Schwierigkeiten sind bei den Diskussionen aufgetaucht, und welche Lösungsmöglichkeiten sind hilfreich? Gibt es grundsätzliche Unterschiede in der Bewertung bestimmter Inhalte einzelner Ansätze, und wodurch bieten sich Möglichkeiten einer Einigung an?

Ist es hilfreich, sich bei Unsicherheiten über bestimmte Aussagen direkt an den Vertreter eines bestimmten Ansatzes zu wenden, damit Klärungshilfen gegeben werden?

2. *Wer* macht *was* (evtl. mit wem) *bis wann?*

Sind schließlich alle Fragen für einzelne MitarbeiterInnen und für die Gesamtgruppe geklärt, kann es zu einer qualitätsorientierten Entscheidung für einen bestimmten elementarpädagogischen Ansatz kommen.

Wichtig ist in diesem Zusammenhang, daß *nie* im Sinne einer Mehrheitsentscheidung vorgegangen werden sollte. Beispiele aus der Praxis belegen immer wieder, daß Orientierungen auf einen bestimmten Ansatz hin *zu schnell* und *zu oberflächlich* gefällt werden. Damit werden Zweifel oder Irritationen einzelner nicht ernst genug genommen und übersehen; das wiederum provoziert für die Zukunft neue, meist destruktive Auseinandersetzungen. Vielmehr hat die MitarbeiterInnengruppe die Aufgabe, mit *allen* zu einer *Gesamtentscheidung* zu kommen, so daß jede Fachkraft sehr deutlich und gleichzeitig aktiv an der Entscheidungsfindung und -lösung beteiligt ist *und* Verantwortung mitträgt – den Kindern, sich selber, den MitarbeiterInnen, Eltern, dem Träger und der Öffentlichkeit gegenüber.

Mit der Besprechung und Aufarbeitung grundsätzlicher Fragen, Probleme und gegebener Strukturen in der Einrichtung wird unter Einbezug der stattgefundenen Diskussionen um elementarpädagogische Ansätze das *Fundament* für den *konstruktiven Aufbau eines bestimmten Ansatzes gesetzt.* Nun kann der Aufbau des Hauses beginnen.

2.2. Hinweise für die Praxis zur zweiten Phase der Vorbereitung des „Situationsorientierten Ansatzes"

Folgende Grundsätze sind eng mit dem „Situationsorientierten Ansatz" verbunden: Dieser Ansatz

- ist ein *konsequenter* Versuch, Kinderrechte – entsprechend dem KJHG, der Charta der UNO „Rechte der Kinder" und den unterschiedlichen Kindertagesstättengesetzen – in der Praxis zu realisieren;
- ist eine *konsequente* Aufforderung an alle MitarbeiterInnen, sich in der täglichen Praxis zu beobachten, zu hinterfragen und ein hohes Maß an Selbsterfahrung auf sich zu nehmen;
- ist eine *konsequente* Verpflichtung, die Zusammenarbeit der MitarbeiterInnen aktiv zu unterstützen und eine Teamarbeit zu entwickeln;
- ist ein *konsequenter* Weg, strukturiert zu arbeiten und jedweder Form einer Laissez-faire-Pädagogik eine deutliche Absage zu erteilen;
- ist eine *konsequente* Entscheidung für regelmäßige Fort- und Weiterbildung, um pädagogische Entscheidungen weniger nach irgendwelchen eigenen Meinungen zu treffen, sondern dies auf fundiertes Wissen aufzubauen;
- verlangt eine *konsequente* Motivation, sich für die Belange von Kindern/mit Kindern einzusetzen;
- erfordert den *konsequenten Willen,* eigene Bedürfnisse im Interesse der Kinder bei auftauchenden Interessenkollisionen zurückzustellen;

- trägt den *konsequenten* Wunsch der MitarbeiterInnen, Tag für Tag an notwendigen Handlungskompetenzen zu arbeiten, damit die Pädagogik immer deutlicher ein „kindorientiertes Profil“ annehmen wird;
- ist mit *konsequenten* Entscheidungen verbunden, der Öffentlichkeit (Gemeinwesen, Ausbildungsschule, Träger ...) Frage und Antwort zu stehen, wenn es um die Transparenz dieser Pädagogik geht;
- unterstützt in *konsequenter* Art und Weise den eigenständigen Erziehungs-, Bildungs- und Betreuungsauftrag des Kindergartens;
- ist neben dem Anspruch auf eine *konsequente Pädagogik* auch mit der Erwartung verbunden, daß MitarbeiterInnen sich in (berufs-) politischen Fragen *konsequent* zu Wort melden.

Diese Aufzählung mag sich vielleicht nach einer Utopie oder einem Ideal anhören, der/dem nur schwer nachzukommen ist.

Wer so denkt, mag dafür sicherlich berechtigte, allerdings subjektive Gründe besitzen. Diese helfen aber *nicht* in der Sache weiter und sind auch für eine Weiterentwicklung einer qualitätsorientierten Elementarpädagogik nicht förderlich. Dazu ein paar Beispiele aus der Praxis: MitarbeiterInnen, die

- durch besondere private Bedingungen (häusliche Streßsituationen) nicht in einem angemessenen Umfang die Weiterentwicklung einer Kindergartenpädagogik unterstützen, tragen automatisch zu einer Verschleppung, vielleicht sogar zu einer Auflösung einer profilorientierten Arbeit bei;
- aufgrund persönlicher (privater) Schwerpunktsetzung weder zum Lesen von Fachbüchern noch zum Besuch von Fort-/Weiterbildungsseminaren kommen, entfernen sich Stück für Stück von einer aktuellen Fachlichkeit;
- sich aufgrund persönlicher (persongebundener) Schwierigkeiten nicht an Fachdiskussionen oder Teamauseinandersetzungen beteiligen und sich zurückziehen/zurückhalten, tragen automatisch dazu bei, daß Entwicklungsprozesse unterdrückt oder Innovationen übergangen werden;
- durch private Probleme in starkem Maße belastet sind, besitzen nicht die volle Kraft, wahrnehmungsoffen und motiviert eine kindorientierte Pädagogik zu unterstützen.

Sicherlich hat *jedes* Problem seine aktuelle Berechtigung. Dennoch muß es in der Pädagogik immer wieder aufs neue gelingen, Sinnzusammenhänge und Vernetzungen offen auszusprechen und miteinander zu diskutieren, damit Belastungen verändert und ErzieherInnen ihre *volle Arbeitskraft* in die Praxis vor Ort eingeben können. Zu verstehen ist alles – zu akzeptieren ist dagegen weitaus weniger! So ist es zu verstehen, daß eine Mitarbeiterin verspätet zum Dienst kommt, weil das eigene Kind krank ist. Zu akzeptieren ist das Zuspätkommen nicht, weil die Kinder sonst allein sind (kindliche Ebene) und weil es feste Arbeitszeiten gibt (organisatorische, arbeitsrechtliche Ebene). Es ist zu verstehen, daß MitarbeiterInnen bei Wind und Wetter wenig Lust verspüren, mit den Kindern nach draußen zu gehen – akzeptiert werden kann dies noch lange nicht, zumal es in der Arbeit pädagogischer Fachkräfte nicht um „eigene Lust oder Unlust" gehen darf. Dann hätten manche Kinder Glück, manche Pech!

Professionalität und Identität im „Situationsorientierten Ansatz" verlangen eine starke Identifikation mit der Arbeit, der mitbestimmten Pädagogik und vor allem mit den elementaren Bedürfnissen der Kinder! Würde dagegen „aktuelle Unlust" oder „spontane Lust" die praktische Arbeit bestimmen, dann würde sich der Kindergarten zu einer „persönlichen Selbstentfaltungseinrichtung für Erwachsene" entwickeln, bei der Kinder im großen und ganzen das Nachsehen hätten.

Der „Situationsorientierte Ansatz" – das darf an dieser Stelle noch einmal deutlich hervorgehoben werden – hat wie kaum ein zweiter Ansatz in der Elementarpädagogik die Gemüter vieler ErzieherInnen, FachschullehrerInnen, WissenschaftlerInnen und Eltern, Träger und Einrichtungsvorstände erhitzt. Die einen fühlen sich bestätigt, die anderen irritiert. Die einen erleben durch die Inhalte Provokationen, andere wiederum nehmen bestimmte Aussagen in ihrer eigentlichen Bedeutung kaum wahr. Obgleich dieser Ansatz seit vielen Jahren im Gespräch ist, herrscht in Praxis und Theorie vereinzelt ein Wirrwarr im Hinblick auf eine feste Zuordnung von Begrifflichkeit und Praxisbedeutung. So soll an dieser Stelle versucht werden, drei wesentliche Begriffe voneinander abzugrenzen, um Mißverständnisse auszuräumen:

a) Der „Situationsorientierte Ansatz" hat *keinen Bezug* zu dem „Situativen Ansatz"/zum „situativen Arbeiten".

„Situatives Arbeiten" ist durch die Merkmale von „Spontaneität" und „Zufälligkeit" charakterisiert. Diese Form der Arbeit läßt jede Planung vermissen und birgt zusätzlich die Gefahr in sich, daß Pädagogik zu einer „Zufallsarbeit" wird.

Hat sich etwa ein Kind gestoßen oder verletzt und wird dies von der Erzieherin beobachtet, könnte die Entscheidung fallen, für einige Tage das Thema „Verletzung und Erste Hilfe" in den Vordergrund zu setzen.

Streiten sich zu bestimmten Zeiten einige Kinder und wird dies von der Erzieherin bemerkt, könnte die Entscheidung fallen, in nächster Zeit das Thema „Sich streiten und vertragen" zu bearbeiten.

Haben Kinder Schwierigkeiten, Rücksicht aufeinander zu nehmen, könnte eine Erzieherin sich veranlaßt sehen, das Thema „Jeder Mensch braucht einen Freund" zu wählen.

Mit einer solchen „Spontanpädagogik" hat der „Situationsorientierte Ansatz" *nichts* zu tun.

Einerseits ist für eine solche Praxisgestaltung keine Ausbildung als staatlich anerkannte Erzieherin notwendig, geht es doch lediglich darum, besondere Aktualitäten wahrzunehmen und aufzugreifen, andererseits werden bei einem solchen Arbeitsverständnis Zufallsbeobachtungen aufgegriffen und thematisch „verarbeitet".

Da im Laufe eines Kindergartentages ungezählte solcher Ereignisse auftreten, muß die Auswahl automatisch subjektiv sein. Schließlich ist es nicht möglich, einen roten Faden in einer solchen Arbeit zu entdecken.

b) Der „Situationsorientierte Ansatz" hat in seiner heutigen Ausprägung und nach dem aktuellen Wissenschaftsstand auch *keinen Bezug* zum „Situationsansatz", wurden doch in der Zwischenzeit die Unterschiede immer deutlicher.

Der „Situationsansatz" – so stellt er sich jedenfalls in der breiten Öffentlichkeitsdiskussion immer wieder dar, ebenso in der Praxis – hat den aus seiner Sicht berechtigten Anspruch, Kindern im Kindergartenalter dabei zu helfen, zukünftige Konfrontationen und Lebenssituationen zu meistern und diese in gemeinsamer Solidarität mit anderen zu bestehen. Dabei wählen Erwachsene – also ErzieherInnen – Situationsfelder aus, von denen sie annehmen, daß Kinder ihnen in der Zukunft (!) begegnen oder schon in der Aktualität (Gegenwart) erfahren.

Es wundert daher nicht, daß „didaktische Einheiten" den Kindergartenalltag bestimmen: seien es die Themen:

- gesunde Ernährung;
- Abfallvermeidung und -entsorgung;
- Friedenserziehung in einer friedensfeindlichen Welt;
- der Übergang vom Kindergarten zur Schule;

- Umgang mit dem Fernsehen, Video und anderen Massenmedien;
- das Zusammenleben von behinderten und nichtbehinderten Kindern;
- Kennenlernen des eigenen Körpers
  oder
- Bewahrung der Natur usw.

Themenschwerpunkte der Sachwelt, Kommunikation, Interaktion sowie der Raum-/Zeitorientierung werden dabei mit Kindern erarbeitet, mit der Absicht, daß Kinder neue Sozial-, Selbst- und Sachkompetenzen erfahren und in ihrer Persönlichkeitsentwicklung integrieren. Allerdings – und das ist dabei von großer Wichtigkeit – geht es in der Praxis dabei *immer* um Außenthemen! Das heißt, es sind Themen ausgewählt, die aus der Erwachsenensicht für richtig erachtet und zum Thema für Kinder erklärt werden, ohne die aktuellen Bedürfnisse von Kindern in den Mittelpunkt zu stellen.

c) Der „Situationsorientierte Ansatz“ hat sich aus dem „Situationsansatz“ entwickelt. Er könnte gewissermaßen als ein Kind (ein Ableger) des zuletzt genannten Ansatzes bezeichnet werden.
Er geht dabei von folgenden Tatsachen aus:

1. Kinder leben zunehmend in Welten, in denen eine Orientierung immer schwieriger wird.
2. Kinder haben immer weniger Möglichkeiten, sich mit der eigenen Person in Ruhe und mit Zeit zu beschäftigen.
3. Kinder erleben eine Kindheit, die in starkem Maße eigene Erfahrungen begrenzt und eigene Entfaltungsmöglichkeiten beschneidet.
4. Kinder wachsen häufig in einem Umfeld auf, in dem sie sich nicht willkommen fühlen bzw. als überflüssig erleben.
5. Kindern wird ihr Recht auf einen „eigenen Entwicklungszeitraum KINDHEIT“ in zunehmendem Maße genommen/vorenthalten.
6. Kinder werden in immer jüngeren Jahren mit pädagogischen Programmen und Trainings überzogen, so daß ihre Welten als „verpädagogisiert“ und „vertherapeutisiert“ bezeichnet werden müssen.
7. Eine Orientierung auf die Zukunft führt Erwachsene immer stärker dazu, Kinder mit Erwartungen und Anforderungen zu überfordern.
8. Kinder finden kaum noch BündnispartnerInnen, die ihre Interessen wahrnehmen und deutlich für diese eintreten.

9. Kinder entwickeln notgedrungen erwartungswidrige Verhaltensweisen (= umgangssprachlich: Verhaltensstörungen) als Antwort auf Irritationen und Überforderungen, Ängste und Vereinsamungstendenzen.
10. Kinder brauchen das von ihnen gezeigte „erwartungswidrige Verhalten“ so lange, bis ihnen die Möglichkeiten gegeben werden, aus erlebten Zwängen oder Drucksituationen herauszukommen/-zufinden.
11. Der Kindergarten muß ein Ort für Kinder sein, der sich in Abgrenzung zu anderen Bildungseinrichtungen zu seinem eigenständigen Erziehungs-, Bildungs- und Betreuungsauftrag deutlich bekennt.
12. Grundsätzliche pädagogische Begriffe haben in den letzten Jahren an Bedeutungsgehalt verloren; umso deutlicher muß ihr Profil in der Praxis meßbar sein.
13. Der allgemeine Verlust von Werten innerhalb eines sozialen Umgangs miteinander und im Umgang mit Gegenständen/Materialien bedarf einer besonderen Berücksichtigung in der Elementarpädagogik.
14. Sachbezogene und kommunikative Werte lassen sich nicht durch „didaktische Einheiten“ oder „pädagogische Programme“ in Form gesonderter Übungen erlernen, sondern bedürfen klarer Modelle in der pädagogischen Praxis.
15. Die Zunahme einer „Didaktisierung“ innerhalb der Kindergartenpädagogik hat deutlich dazu beigetragen, daß die Persönlichkeit(sbildung) von pädagogischen Fachkräften immer mehr zurückgedrängt wurde.
16. Die Entwicklungsunterstützung von Kindern ist keine neue Aufgabe der Pädagogik, sondern eine dringliche Forderung im Interesse von Kindern und einer lebenswerten Welt.
17. Keine pädagogische Richtung/kein pädagogischer Ansatz darf deshalb in der Praxis berücksichtigt werden, nur weil er „neu“ ist. Entscheidend ist vielmehr seine Berechtigung, ob er der Entwicklung von Kindern tatsächlich dienlich ist!
18. Kinder brauchen keine Methoden, die ihnen helfen sollen, sich zu entwickeln; was sie brauchen, sind Menschen (!), die mit einem hohen Maß an Selbst-, Sach- und Sozialkompetenzen Ausdrucksformen von Kindern verstehen (Frage: „*Wozu* spielt ein Kind ein bestimmtes Spiel, *wozu* erzählt es mir diesen Inhalt, *wozu* malt es dieses Bild, *wozu* hat es diesen Traum gehabt, *wozu* wählt der

Körper diese Bewegungen, und *wozu* verhält sich das Kind in dieser Art und Weise?“) und den Erzählwert begreifen.

19. Kinder entwickeln sich in einem Erleben von Sicherheiten. Diese Sicherheiten müssen Kinder in einem Kindergarten (sowie zu Hause und in ihrem gesamten Umfeld) erfahren, um Stabilität und Selbstwert auf- und ausbauen zu können.
20. Elementarpädagogik darf kein „Stiefkind“ der (Sozial-)Politik sein. Träger und alle verantwortlichen Stellen für Kinder(garten)pädagogik und -politik müssen sich ihrer Verantwortung für Entwicklungschancen von Kindern stellen und entsprechende Mittel sowie Unterstützungen noch deutlicher als bisher mit Prioritäten versehen.

Damit erklärt der „Situationsorientierte Ansatz“ folgende Merkmale zu seinen Grundsätzen:

1. Kinder haben das Recht auf deutliche Orientierungshilfen.
2. Kinder haben das Recht auf eine persönliche Entfaltung.
3. Kinder haben das Recht, eigene Erfahrungen zu machen.
4. Kinder haben ein Recht darauf, sich als Gäste auf dieser Welt zu empfinden.
5. Kinder haben das Recht auf ihren „Erlebnisraum Kindheit“.
6. Kinderwelten sind von überzogenen Programmen zu befreien.
7. Der Kindergarten hat auf Überforderungen von Kindern zu verzichten.
8. ErzieherInnen müssen BündnispartnerInnen von Kindern sein.
9. Kinder haben das Recht, daß Ursachen für erwartungswidriges Verhalten verändert werden, ohne an Symptomen (Folgen) punktuell „herumzudoktern“.
10. Kinder brauchen Erwachsene, die sie/ihr Verhalten verstehen und nicht bewerten.
11. Der Kindergarten hat sich in seiner Eigenständigkeit im Vergleich zu anderen Bildungseinrichtungen abzugrenzen.
12. Pädagogische Begriffe müssen wieder mit Inhalt und Leben gefüllt werden.
13. Elementarpädagogik muß sich wieder auf bedeutsame Werte beziehen und diese in der Praxis berücksichtigen.
14. Werterziehung geschieht durch Modellverhalten durch Erwachsene.
15. Kinder haben ein Recht auf persönlichkeitskompetente EntwicklungsbegleiterInnen.

16. Elementarpädagogik muß Kindern Entwicklungschancen bieten.
17. Kinder haben ein Recht auf eine zeitgemäße Pädagogik (im Unterschied zu modernistischen Tendenzen).
18. Kinder haben ein Recht darauf, verstanden zu werden und Hilfen zur Entwicklung zu bekommen.
19. Kinder haben ein Recht auf die Erfahrungen von Sicherheit.
20. Elementarpädagogik bedarf einer breiten Unterstützung durch pädagogische und (sozial)politische Mandatsträger.

Diese 20 Grundsätze finden sich in allen Merkmalen des „Situationsorientierten Ansatzes“ wieder. Sie verdeutlichen gleichsam die Entschlossenheit, bestimmte Aussagen kurz und knapp auf den Punkt zu bringen, damit diese mit denen anderer Ansätze verglichen werden können. MitarbeiterInnen kann es damit leichter fallen, sich für oder gegen den „Situationsorientierten Ansatz“ zu entscheiden.
Eine Entscheidung für den „Situationsorientierten Ansatz“ ist damit eine Entscheidung für viel Arbeit, viele Diskussionen, harte Auseinandersetzungen, Abgrenzungen unberechtigten Erwartungen gegenüber und Selbstdisziplin, Reflexion und Selbsterfahrung, Suche und eigene Irritation. So faszinierend der Ansatz für viele pädagogische Fachkräfte ist, so mühevoll ist der Weg, diesen Ansatz Tag für Tag weiterzuentwickeln und zu stabilisieren. Nicht umsonst hat die Diplom-Pädagogin *Christine Lipp-Peetz* vor nahezu fünfzehn Jahren in ihrem bemerkenswerten Aufsatz (siehe Literaturhinweise) die Frage gestellt, ob dieses andere Arbeiten *tatsächlich* für jede Fachfrau/jeden Fachmann das Richtige ist, *weil* er Entscheidungen auf ganzer Linie von den Fachkräften verlangt. Diese beziehen sich vor allem auf fünfzehn Arbeitsfelder:

1. Erörterung/Festlegung des notwendigen Rollenverständnisses:

Der „Situationsorientierte Ansatz“ beginnt schon mit einer differenzierten Betrachtung des Begriffs „ErzieherIn“. Bedingt durch ein traditionelles Wortverständnis verbinden wir in der Öffentlichkeit mit dem Begriff der „Erziehung/ErzieherIn“ meist folgende Zusammenhänge, wie sie von ErzieherInnen selbst formuliert und an dieser Stelle genannt werden sollen:

- „Wir haben die Aufgabe, Kinder zu leiten und ihnen Dinge beizubringen, die sie noch nicht gelernt haben oder beherrschen.“
- „Kinder sind im Alter des Kindergartenbesuchs besonders lern-

fähig. Unsere Aufgabe ist es daher, Kindern etwas beizubringen, von dem sie in der Zukunft profitieren können."

- „Entsprechend unserer Ausbildung ist es unser Ziel, Kinder lebenstüchtig und sozial zu machen, weil heutige Bedingungen dazu beitragen, daß Egoismus und Aggressivität sich immer mehr ausbreiten."
- „Kinder können noch geformt werden. Später in der Jugend- und Erwachsenenzeit ist es nicht mehr möglich."
- „Wir müssen unseren Vorsprung Kindern gegenüber weitergeben. Nicht als Drill, sondern als eine Heranführung an neue Aufgaben und Herausforderungen."
- „Kinder brauchen Anleitung und Hilfe. Wenn sie diese nicht bekommen, ist die Gefahr einer Verwahrlosung gegeben. Dem können und müssen wir durch Erziehung entgegenwirken."

Einige ErzieherInnen hatten sich aber auch offensichtlich mit dem Wort „Erziehung" und ihrer Berufsbezeichnung auseinandergesetzt und gaben folgende Antworten:

- „Erziehung hat doch immer etwas mit ‚ziehen' zu tun. Dabei maßen wir Erwachsenen uns an, immer zu glauben, wir wüßten was das Beste für Kinder sei. In der Regel fällt es uns doch eher schwer, uns auf die Ebene von Kindern zu begeben. Gerade das ist aber notwendig und sinnvoll, um mit Kindern zusammen zu lernen und sie nicht zu belehren."
- „Das Wort ‚Erziehung' hat etwas mit Machtnutzung und Besserwisserei zu tun. So denken und planen wir für Kinder, anstatt ihnen dabei zu helfen, eigene Potentiale auszudrücken und diese zum Schwerpunkt unserer Arbeit zu erklären. Kinder und wir Erwachsenen haben in gleichem Umfang besondere Fähigkeiten, so daß es gilt, uns gegenseitig zu begleiten."
- „Erziehung ist für mich ein funktionsbesetzter Begriff. Dabei wollen wir Kinder immer verändern – also anders machen, als sie sind. Das schafft ständig neue ‚Kampfarenen', wer wohl der Bessere ist. Wir sollten mit der Zeit dahinkommen, von ‚Entwicklungsbegleitung' zu sprechen, in der die Beziehungspflege im Vordergrund steht. Wenn Kinder sich angenommen fühlen, Sicherheit erleben und Vertrauen durch uns Erwachsene erfahren, werden sie sich automatisch auf neue Lernerfahrungen einlassen und selbst dafür sorgen, neue Handlungsschritte auszuprobieren."

Im Situationsorientierten Ansatz sehen ErzieherInnen ihre Aufgabe vor allem darin, daß sie

- *mit Kindern* die Tagesabläufe *gemeinsam* besprechen (und diese nicht vorgeben);
- Kinder an *Entscheidungen beteiligen* (und keine Entscheidungen für sie treffen);
- weitaus stärker *reagieren* als durch Aktivitäten bestimmte Aktionen vorzugeben;
- auf *Angebote verzichten und Impulse setzen* (statt angeleitete Beschäftigungen vorschlagen und ihre Annahme erwarten);
- Kinder in ihrem Ausdrucksverhalten *verstehen* (statt Verhaltensmerkmale zu bewerten);
- sich selber mit ihrer *ganzen Persönlichkeit in die praktische Arbeit eingeben* (statt bei Spielen zuzuschauen oder bei handwerklichen Tätigkeiten im Erteilen von Anleitungen Zurückhaltung demonstrieren);
- sich *von Kindern faszinieren und leiten lassen* (statt den Anspruch auf Veränderung zum Hauptmerkmal ihrer Arbeit erklären);
- die *Themen der Kinder* aufgreifen, strukturieren und gemeinsam mit ihnen Projekte entwerfen (statt Themen von Erwachsenen zum Hauptbestandteil ihrer Pädagogik machen wollen);
- sich als *Bündnispartnerinnen von Kindern* begreifen (statt Eltern- oder Trägererwartungen über die Bedürfnisse von Kindern stellen);
- ihre *Beziehungsfähigkeit zu Kindern ausbauen* (statt über irgendwelche Förderprogramme mit inhaltlichen Schwerpunkten nachzudenken, wie diese „am Kind“ umgesetzt werden können).

2. Erörterung und Erwerb notwendiger Handlungskompetenzen

Wenn es im „Situationsorientierten Ansatz“ darum geht, Kindern dabei zu helfen, sich aus Verwicklungen bestimmter Irritationen (aus dem häuslichen/sozialen/mediendurchsetzten Umfeld) zu befreien, um Identität aufzubauen und ein Selbstwertgefühl zu entwickeln, dann bedarf es bestimmter Handlungsfähigkeiten, die für ErzieherInnen unumgänglich sind.

Auf der einen Seite ist es eine *umfassende Fach-/Sachkompetenz.* Dazu gehört ein abgesichertes *Wissen* aus dem Feld der Entwicklungspsychologie/-pädagogik, um *Ausdrucksformen* von Kindern zu verstehen (Erkennen von Ursachen und Auslösern bestimmter Verhaltensmerkmale) und den *Erzählwert* für Projekte aufzugreifen! Kinder schlagen nicht ohne Grund (sie sind verunsichert, fühlen sich überfordert, sind einsam oder leiden unter einer starken Angst). Kinder zerstören nicht ohne Grund bestimmte Spielhandlungen anderer Kinder. Vielmehr sorgen sie dafür, daß andere Kinder es auch nicht gut/schön haben sollen, wenn es ihnen selber schlecht geht. Kinder verweigern nicht ohne Grund ihre Teilnahme an irgendwelchen Angeboten; vielmehr spüren sie genau, daß die vorgeschlagenen Aktivitäten keine Bedeutung für sie haben. Kinder lehnen nicht ohne Grund das Malen und Zeichnen ab; vielmehr erleben sie in ihrer Seele solch starke Spannungen, daß sie es nicht wagen, ihre Ausdrucksform auch noch auf Papier sehen und damit erneut spüren zu müssen.

Also geht es darum, den *Zweck* bestimmter Ausdrucksformen zu erkennen und Kindern dabei zu helfen, *ihre Erlebnisse, Erfahrungen und bestimmte Ereignisse* zu bearbeiten. Hilfreich ist es im „Situationsorientierten Ansatz", nicht (!) nach dem „Warum", sondern nach dem „Wozu" zu fragen.

Diese Fach-/Sachkompetenz führt in die Welt der Verschlüsselungen, Symbole und Codierungen der menschlichen Seele. Gerade um *diese Wissenserweiterung geht es* und nicht um das Kennenlernen möglichst vieler Bastel- und Übungsanleitungen.

Sachkompetenz umfaßt aber auch die Fähigkeiten, *Sinnzusammenhänge* zu entdecken, *Vernetzungen* zwischen Ursachen und Wirkungen, Hintergründen und Folgen, Impulsen und Handlungsschritten zu sehen (wenn ... dann; weil ... darum; dadurch, daß ...).

Dies hilft ErzieherInnen und damit Kindern, Verbindungen herzustellen, die häufig übersehen werden. (Beispiel: Wenn es gelingt, ein Kind in seiner Angstbewältigung zu begleiten, dann hat es immer weniger einen Grund dafür, sich selbst zurückzuziehen bzw. mit Aggressivitäten zu reagieren. Also geht es nicht um die Thematisierung von aggressivem Verhalten, irgendwelchen Korrekturvorschlägen oder Diskussionen mit Kindern über die Notwendigkeit sozialer Verhaltensweisen, sondern um die Reduktion subjektiv belastender Angst!)

In gleichem Maße geht es bei der Sachkompetenz auch um fachorientierte Auseinandersetzungen mit thematischen Schwerpunkten. Nicht die Meinungen anderer sind von Interesse, sondern das Faktenwissen zu bestimmten Fragen und Problemen. Was in der Praxis daher notwendiger denn je zu sein scheint, sind profilorientierte Diskussionen und keine meinungsbesetzten Beziehungsklärungen.

Neben einer deutlichen Fach-/Sachkompetenz gehört ein hohes Maß an *Selbstkompetenz* zur Umsetzung des „Situationsorientierten Ansatzes“. Sie fängt bei allen Menschen, die das Wagnis auf sich nehmen, andere in ihrer Entwicklung zu begleiten, mit der Aufarbeitung der eigenen Biographie an. Eigene Kindheitstraumata, Verwirrungen und nichtbearbeitete Erfahrungen wirken in den „Erziehungsstil“ auf Kinder ebenso ein wie unbewußte Muster und verselbständigte (= automatisierte) Handlungsstrategien, die in entscheidendem Maße auf die Atmosphäre einer Kindergartengruppe wirksam sind. So gehören zur Selbstkompetenz die

- Bereitschaft, sich auf neue Dinge/Anforderungen einzulassen;
- Freude, Probleme in Angriff zu nehmen und zu lösen versuchen;
- Neugierde, sich mit der eigenen Person auseinanderzusetzen;
- Motivation, sich ständig als Lernende begreifen zu dürfen;
- Bereitschaft, sich als Person und eigene zurückliegende Erfahrungen zu reflektieren;
- Kraft, Risiken zu wagen, um eigene Kreativitätspotentiale auf-/auszubauen;
- Dynamik, Kindergartentage zu wirklichen Erlebnisstunden werden zu lassen;
- Bereitschaft, eigene (In-)Kompetenzen zu erkennen, zu verändern und gegebenenfalls Konsequenzen zur Berufswahl zu ziehen.

Zum dritten gehört die *Sozialkompetenz* dazu, die sich u.a. darin zeigt,

- ein aktiver Spielpartner für/mit Kinder(n) zu sein;
- Beziehungen mit Kindern, Eltern und KollegInnen zu pflegen;
- Entscheidungen für bzw. gegen bestimmte Anforderungen im Interesse von Kindern zu treffen und diese auch öffentlich (!) zu vertreten;
- klare und unmißverständliche Aussagen zu machen;
- eigene Stellungnahmen in Auseinandersetzungen oder bei Problemlösungssuchen abzugeben;
- Machtkämpfe zwischen sich und Kinder, Eltern sowie KollegInnen zu vermeiden;
- mit anderen zu sprechen (statt über sie zu reden);
- getroffene Entscheidungen bei neuen Informationen gegebenenfalls zu korrigieren und nicht auf Standpunkten – trotz besseren Wissens – zu verharren;

- Beziehungs- und Sachebene in Auseinandersetzungen zu trennen;
- Wahrnehmungen zum Ausgangspunkt für Erörterungen zu erklären, statt Vermutungen und Vorurteile zu nutzen;
- zuzuhören und Widersprüche aufzudecken.

Selbst-, Sach- und Sozialkompetenzen werden in vielen Fällen und in manchen pädagogischen Ansätzen zunächst für Kinder definiert mit entsprechenden Zielsetzungen für die Arbeit „am Kind". Der „Situationsorientierte Ansatz" hat sie aus der Elementarpädagogik von Kindern abgelöst und auf die Fachkräfte übertragen, getreu dem Motto: Was ich von anderen erwarte und verlange, sollte ich zunächst immer erst von mir erwarten.

3. Thematisierung/Klärung bisheriger Teamarbeit
Dadurch, daß bestimmte Projekte im „Situationsorientierten Ansatz" durchaus gruppenübergreifend durchgeführt werden können und dafür eine möglichst *störungsfreie Kommunikation* zwischen den MitarbeiterInnen bestehen *muß,* wenden sich die Fachkräfte in der Entwicklung des Ansatzes auch gezielt dem „eigenen Team" zu. Allzu häufig gibt es in MitarbeiterInnengruppen eine Reihe von Mißverständnissen, zurückliegenden und nichtbearbeiteten Konflikten, unausgesprochenen Vorurteilen oder seelischen Verletzungen, die ihre besondere „Geschichte" haben. Teamarbeit ist aber gleichfalls auch die Quelle für ein motiviertes Arbeiten, für den Aufbau neuer Kraft, für das wichtige Gefühl des Angenommenseins und für die Stärkung der eigenen Person, wenn zum Beispiel Angriffe „von außen" auf einzelne MitarbeiterInnen oder die Gesamtgruppe treffen. Jedes Team hat von Zeit zu Zeit einen *„Klärungsbedarf"*, in dem eine Bestandsaufnahme bisheriger Zusammenarbeit gemacht wird. Gleichzeitig kommen Beziehungen, Strukturen und Muster zur Sprache, um Mißverständnisse möglichst frühzeitig aufzudecken. In diesem Fall zeigt sich sehr genau, wie es um die *Handlungskompetenzen* der einzelnen MitarbeiterInnen steht.

Viele MitarbeiterInnengruppen nennen sich „Team", doch ist dieser Begriff mit einem sehr hohen Qualitätsstandard verbunden. Klappt es „im Team" nicht, werden automatisch Kräfte und Ressourcen, die eigentlich für die Kinder, die praktische Arbeit und die Eltern gedacht sind, in Konflikte gesteckt und binden damit die Kraft, jeden Tag mit Kindern zu erleben. Nicht selten kommt es dann zu folgenden Auswirkungen:

a) Die Krankheitsrate in der MitarbeiterInnengruppe steigt an.
b) Die Atmosphäre im Kindergarten ist gespannt.
c) Die Arbeitsmotivation sinkt (teilweise gegen einen Nullpunkt).
d) Das Phänomen des „Ausgebrannt-Seins" nimmt zu.
f) Spannungen aus der Erwachsenenwelt übertragen sich auf Kinder.

Hier muß es den MitarbeiterInnen gelingen, sich unter aktiver Beteiligung aller „zusammenzuraufen" und Problemkerne zu identifizieren, um gewünschte Lösungen zu erreichen.

Es ist nicht möglich, irgendwelche „sozialen Ziele" für Kinder zu formulieren (eigene Bedürfnisse zu bemerken und auszudrücken, dem anderen zuhören, eigene Wünsche mit denen anderer abzuwägen, sich auf neue Erfahrungen einzulassen, gemeinsam mit anderen Lösungswege herauszufinden ...), wenn diese in der eigenen Gruppe nicht zur Wirklichkeit werden.

In einem Prospekt eines Managementunternehmens stand einmal zu lesen: „Ein Team ohne Entwicklung lebt wie ein Fisch ohne Wasser." Dieser treffende Satz kann modifiziert werden: „Ein Kindergarten ohne Team ist wie ein See ohne Sauerstoff." Jedes Leben, jede Lebendigkeit und jede Bewegung wären zum Scheitern verurteilt, weil ein sauerstoffarmes Wasser alle Organismen erstickt.

4. Erstellung einer Einrichtungskonzeption

Im Unterschied zu einem Konzept, in dem lediglich allgemeine Aussagen zu Zielen und Aufgaben der Kindergartenpädagogik vorgenommen werden, ist eine Konzeption ein deutliches *Spiegelbild* der Praxis. In ihr wird sehr präzise beschrieben, welches Menschenbild der Pädagogik zugrunde liegt, welcher Ansatz in der Arbeitsgestaltung zum Tragen kommt und auf welche Weise Kinder in ihrer Entwicklung unterstützt werden, wie die Zusammenarbeit der MitarbeiterInnen und die Kooperation mit den Eltern, anderen Einrichtungen und beteiligten Fachdiensten gestaltet wird sowie die Transparenz der Arbeit in der Öffentlichkeit aussieht. Jeder Kindergarten, der sich dem „Situationsorientierten Ansatz" verpflichtet fühlt, *besitzt eine solche Konzeption* oder ist dabei, eine Konzeption zu erarbeiten.

Diese umfaßt vor allem drei Aspekte: Zum einen werden mit allen MitarbeiterInnen Grundsatzfragen der täglichen Pädagogik diskutiert, so daß auch bei strittigen oder bisher unbeachteten Fragen eine Einigung erzielt wird. Zum anderen geht es bei der Erstellung einer Konzeption um das fertige Ergebnis, damit sich einerseits die MitarbeiterInnen an getroffenen Entscheidungen immer wieder aufs neue orientieren können, sich andererseits aber auch einer berechtigten Kontrolle durch KollegInnen, Eltern oder dem Träger stellen. Zum dritten ist die Konzeption ein Dokument für die Öffentlichkeit: für andere Kindergärten, Fachdienste und andere Interessierte, die nun anhand präziser Aussagen, vieler Beispiele und Fotos nachvollziehen können, was in der täglichen Praxis im Kindergarten geschieht. Eine Konzeption ist die „Visitenkarte des Kindergartens", mit der er sich präsentiert und vor allem in seiner Pädagogik transparent macht.*

5. Erörterung/Aufwertung des „Spiels"

Das Spiel ist für alle Kinder eine *Lebensform,* die zur Gestaltung ihres Lebens ebenso dazugehört wie das Essen und Trinken! Unendlich viel ist in den letzten Jahren zur „Bedeutung des Spiels" veröffentlicht worden, und dennoch leiten sich aus vielfältigen Praxisbeobachtungen immer wieder neue Fragen ab. So z. B., warum es immer mehr einer zunehmenden Zahl von Kindern schwerfällt, das Spiel in seinen unendlich vielen Facetten zu erleben, warum soviele Mißverständnisse zum „freien Spiel" auf seiten vieler ErzieherInnen bestehen, warum so wenige der vielfältigen Spielformen in der Praxis berücksichtigt werden, und warum sich eine zunehmende Zahl pädagogischer Fachkräfte aus aktiven Mit-Spiel-Prozessen heraushält.

Das Spiel hat im „Situationsorientierten Ansatz" eine zentrale Bedeutung, weil es seinen Sinn und Zweck in sich selbst trägt und Kindern dabei hilft, sich mit der eigenen Person konzentriert und zeitlos auseinanderzusetzen. Wenn sich im Spielverhalten der Kinder ihre seelischen Empfindungen zeigen, so ist es nicht nur mit einem hohen Ausdrucks- und Erzählwert versehen, sondern als der Nährboden für den Erwerb persönlicher und sachorientierter Kompetenzen anzuerkennen mit einer entscheidenden Bedeutung im Rahmen der kindlichen Persönlichkeitsentwicklung. Dabei ist es zunächst gleich, ob das Spiel als eine Wiederholung der Stammesentwicklung des Menschen *(Hall und Wund)* angesehen wird, seine Erklärung in einer Kraftüberschußtheorie *(Spencer)* zu finden ist, es eine Möglichkeit des Ausgleichs nach partieller Erschöpfung *(Schaller)* ist oder das Spiel Kindern dazu dient, Impulse, Instinkte und Gefühle abzureagieren *(Carr),* ob es um das (Ein-)Üben angelegter Fähigkeiten geht *(Groos)* oder

* Vgl. A. Krenz, Die Konzeption – Grundlage und Visitenkarte einer Kindertagesstätte, Verlag Herder, Freiburg 1996.

magische und symbolische Momente zum Tragen kommen *(Stern)*, ob Kinder eine ständige Lust an der Bewältigung von Situationen spüren *(Bühler)* oder ob Spiel einfach um seiner selbst willen ausgeführt wird *(Heckhausen)*, ob das Spiel der Versuch der Kinder ist, die Umwelt in ihr eigenes Denken einzubeziehen *(Piaget)* oder negativ verlaufene Situationen durch eine Wiederholung einen befriedigenden befreienden Verlauf nehmen können *(Hetzer)* bzw. eine Lust an existentieller Erregung *(Haigis)* darstellt.

Spielen hat *Auswirkungen* auf den emotionalen, sozialen, motorischen und kognitiven Bereich der Kinder, so daß die fünfzehntausend Stunden, die Kinder in den ersten sechs Jahren spielen (müssen!), ihre Berechtigung besitzen.

Dem kommt der „Situationsorientierte Ansatz" entgegen, indem er Kindern dabei helfen möchte, durch Entdeckungs- und Wahrnehmungsspiele, Gestaltungs- und Geschicklichkeitsspiele, Konstruktions- und Interaktionsspiele, Bewegungs-, Musik-, Finger-, Handpuppen-, Marionetten-, Schattenspiele und Szenisches/Darstellendes Spiel, Aggressions- und Emotionsspiele, Imitations- und Rollenspiele, Plan- und Regelspiele sowie das Freispiel diese Fülle der Spielformen *in Sinnzusammenhängen* zu erfahren. Der „Situationsorientierte Ansatz" verzichtet dabei bewußt auf ein „funktionalisiertes Spiel" – auf festgelegte Spielzeiten oder vorgesetzte Spielarten! Spiele finden dort ihren Platz, wo im Rahmen durchgeführter Projekte bestimmte Spiele ihren Sinn erfahren. Dabei wird gleichzeitig auf zwei Dinge geachtet:

- Kinder können selbstverständlich zu allen Zeiten spielen (und müssen selbstverständlich *nicht* an Projekten teilnehmen);
- Kinder können ihr häusliches Spielzeug jederzeit (nicht nur an irgendwelchen „Spielzeugtagen", die von und durch Erwachsene festgelegt wurden!) mit in den Kindergarten bringen. Dabei gibt es *keine Verbotsregeln* für bestimmtes Spielzeug. Allerdings können mit den Kindern bestimmte Regeln *demokratisch* abgesprochen werden.

Im „Situationsorientierten Ansatz" ist die Erzieherin Spielpartnerin der Kinder: Sie werkt mit ihnen, besorgt mit Kindern „echtes Werkzeug" und überlegt mit ihnen an der Werkbank, wie bestimmte Vorhaben umgesetzt werden können; sie matscht mit ihnen, lacht und tobt mit Kindern, baut Buden und Aussichtstürme, beteiligt sich an wilden Verfolgungsjagden, kriecht mit Kindern durch angelegte Tunnel, läßt sich in Gespensterhöhlen fangen und erschrecken, mischt mit Kindern

Beton für Gartenpodeste, klettert mit Kindern auf Bäume und hockt mit ihnen im Sandkasten, legt Wasserleitungen zu Matschkuhlen und pflegt mit Kindern die angelegten Gärten, nimmt an selbstgebauten Go-Cart-Rennen ebenso teil wie Kinder und ist nach einem Kindergartentag genauso ausgelaugt wie die Kinder selbst. Erst wenn ErzieherInnen – gerade beim Spiel – das „Kind in sich" entdecken, beginnen Kinder, *Erwachsene als gleichberechtigt und mitbeteiligt* zu erleben. Dadurch fallen Grenzen, und ErzieherInnen sind damit zu einem *Teil der Gruppe* geworden (vgl.: Rollenverständnis).

6. Zusammenarbeit mit der Ausbildungsschule

Allzulange haben sich Kindergärten in eine Struktur hineinbegeben, in der die Ausbildungsschulen (Fachschulen, -akademien) oftmals fernab jeder Praxisnotwendigkeit an alten, traditionsgebundenen Inhalten und Stoffvermittlungen festgehalten haben. So ergab sich das Bild, daß die Schere zwischen Theorie und Praxis immer größer wurde/werden mußte.

Dem „Situationsorientierten Ansatz" liegt folgendes Verständnis zugrunde: Auf der einen Seite haben sich FachschullehrerInnen durch ständige Information aus Wissenschaft und Forschung auf einem aktuellen Stand der Elementarpädagogik zu halten, auf der anderen Seite einen regen Kontakt zu Kindergärten zu pflegen, damit ein *tatsächlicher Dialog* entstehen kann. Hierarchische Strukturen (mit der Existenz eines „oben": Fachschulen, -akademien und eines „unten": Kindergärten und andere sozialpädagogische Einrichtungen) dienen eher einer Machtbewahrung als einem Aufbau *lebendiger Auseinandersetzungen.* Es kann nicht angehen, daß auch heute noch bestimmte Inhalte in unveränderter Form über viele Jahre hinweg den SchülerInnen vermittelt werden, ohne dabei aktuelle Tendenzen der Elementarpädagogik zu berücksichtigen. Gleichzeitig ist die Praxis aufgefordert, noch aktiver als an vielen Orten den Austausch mit den Fachschulen/-akademien *zu suchen,* um berechtigte Erwartungen und Wünsche zu formulieren. FachschullehrerInnen können bei der Analyse und Durchforstung ihrer bisherigen Unterrichtsinhalte im Hinblick auf praktische Notwendigkeiten alten Unterrichtsstoff durch neue Inhalte ersetzen – besonders in den Fächern Pädagogik, Psychologie und Praxis-/Methodenlehre. Erste Veränderungen in Ausbildungsplänen, in denen auch die oben genannten Fächer aufgehoben sind, dürfen dabei nicht nur „optische Korrekturen" sein.

Besonders die folgenden Themenschwerpunkte sollten im Interesse zukünftiger ErzieherInnen verstärkt Beachtung finden:

- Ausdrucksformen der Kinder und ihr spezifischer Erzählwert;
- Ausdrucksformen und ihr Symbolwert;
- Rhetorik und Gesprächsführung für schwierige Gesprächssituationen;
- Management im Kindergarten – Zeit-, Struktur- und Organisationsmanagement;
- Leitungsfunktion und Leitungskompetenzen;
- „Von der Gruppe zum Team“ – Strategien einer dynamischen Teamentwicklung;
- Problemlösungsstrategien – Merkmale eines konstruktiven Konfliktmanagements;
- Gestaltung einer offensiven Öffentlichkeitsarbeit;
- elementarpädagogische Ansätze – Gemeinsamkeiten und Unterschiede;
- kompetente Gestaltung von Elternabenden;
- neue Formen der Zusammenarbeit mit Eltern;
- Möglichkeiten der Gestaltung von kindorientierten Prozessen im Kindergartenalltag;
- Aufbau und Ansätze zur Planung von kindorientierten Projekten;
- die UNO-Charta „Rechte der Kinder“ und ihre praktische Bedeutung für den Kindergartenalltag;
- Werte in der Pädagogik (Umgangs- und Sprachkultur);
- Grundlagen der Geschichte der Reformpädagogik und ihr Stellenwert für die Gestaltung heutiger Prozesse in der Entwicklungsbegleitung von Kindern;
- Persönlichkeitsbildung als lebenslanger Lernprozeß;
- Karrierechancen für ErzieherInnen – von der Zweitkraft zur eigenen, selbständigen Praxisgründung mit heilkundlicher Arbeitszulassung.

Diese und sicherlich viele andere Schwerpunkte sind dazu geeignet, daß *Theorie und Praxis* sich ergänzen und voneinander lernen. „Situationsorientiert“ arbeitende Kindergärten sind bemüht, ihre Qualität unter Beweis zu stellen. Beispiele aus der Praxis zeigen, daß Fachschulen auch ErzieherInnen zum Unterricht einladen und ein bestimmtes Stundenkontingent an PraxiskollegInnen abtreten. Auf der anderen Seite haben sich in letzter Zeit auch FachschullehrerInnen vermehrt bereit erklärt, in Kindergärten *praktische Erfahrungen zu sammeln,* um aus ihrem Elfenbeinturm herauszukommen und nicht nur über ErzieherInnen/Kindergartenpädagogik zu sprechen, sondern beide(s) *praktisch zu erleben.*

7. Zusammenarbeit mit anderen Kindergärten

Im Rahmen einer Vernetzung sozialer Einrichtungen sind „situationsorientiert" arbeitende Kindergärten bemüht, Kontakte zu anderen Kindergärten aufzunehmen, diese auszubauen und weiterzuentwickeln. Leider ist es in der Praxis noch üblich, daß Kindergärten mit unterschiedlichen Trägerschaften zu wenig zusammenarbeiten. Ob es berechtigte oder vermutete „Berührungsängste" sind, mag dahingestellt sein. Doch wenn auf der einen Seite das Schlagwort *„Integration"* in aller Munde ist, dann fängt auch diese im Feld der Zusammenarbeit an. Städtische oder kommunale Einrichtungen, Kindergärten der Arbeiterwohlfahrt, des Diakonischen Werkes oder der Caritas, der Lebenshilfe oder des Deutschen Roten Kreuzes, des Deutschen Paritätischen Wohlfahrtsverbandes oder der unterschiedlichen Initiativen sollten gerade in der Vielfalt die Chance sehen, sich zusammenzusetzen und regelmäßig zu treffen, um bei bestimmten Aufgaben oder Problemen brauchbare Lösungen im Interesse von Kindern zu finden.

Abgrenzungen und Machtansprüche widersprechen einer Zielsetzung, die den Kindern hilft/helfen soll, Solidarität aufzubauen. Wo ein solches Ziel nur für Kinder formuliert und nicht im eigenen Haus miteinander vorzufinden ist, verliert es seine Existenzberechtigung.

MitarbeiterInnen in „Situationsorientierten Kindergärten" suchen Kontakt, besprechen Formen der Zusammenarbeit und entwickeln für bestehende Fragen Lösungsstrategien, weil der Begriff „Gemeinwesenorientierung" auch die Welt der Erwachsenen betrifft. Das kann soweit gehen, daß sich FachberaterInnen unterschiedlicher Träger regelmäßig treffen und Informationen austauschen, Fortbildungsveranstaltungen für interessierte MitarbeiterInnen aus Kindergärten anderer Trägerschaften selbstverständlich öffnen und Arbeitsgruppen trägerübergreifend ins Leben gerufen werden, um voneinander und miteinander zu lernen. Dadurch können langbestehende Vorurteile aufgehoben und neue Erfahrungen gesammelt werden, *ohne dabei das eigene Profil aufzugeben.*

8. Zusammenarbeit mit sozialen Diensten

Kinder im Kindergartenalter sind oftmals in vielen sozialen Diensten eingeflochten: sei es durch Kontakte zu besonderen Institutionen wie Krankengymnastik, logopädische Praxen, sprachheilpädagogische

Ambulatorien oder Motopäden, sei es durch Besuche im Krankenhaus oder beim Kinderarzt. Auch ihre Eltern haben derweil mit Jugend- oder Sozialämtern zu tun, mit Beratungsstellen, psychologischen Diensten oder heilkundlich tätigen Pädagogen. Wenn Kinder besondere Handicaps oder Probleme haben, bleibt es daher nicht aus, daß sich auch der Kindergarten in einer *Vernetzung dieser Dienste* wiederfindet (wiederfinden muß). Problematisch wird es im Rahmen der Entwicklungsunterstützung für Kinder dann, wenn unterschiedliche Einrichtungen oder Fachkräfte (sehr) unterschiedliche Vorstellungen von der Form der besonderen Hilfe für ein bestimmtes Kind haben.

MitarbeiterInnen in „situationsorientiert“ arbeitenden Kindergärten finden sich dabei *nicht* mit der Tatsache ab, *daß* verschiedene Fachkräfte oder Institutionen mit Kindern und Eltern arbeiten, sondern sie sind aktiv darum bemüht, daß bestimmte Vorhaben und Maßnahmen *aufeinander abgestimmt* sind (bzw. werden), so daß ein Kind (und seine Eltern) nicht durch Widersprüche irritiert wird. Dadurch suchen ErzieherInnen auf der einen Seite Kontakt zu den entsprechenden Außenstellen, geben – bei Vorliegen einer Schweigepflichtsentbindung (!!!) – ihre Beobachtungen und Arbeitsvorhaben in die Fachdiskussionen ein und bitten auch die Außenstellen um entsprechende Informationsflüsse.

Dabei wird – z.B. anhand der Konzeption – das eigene pädagogische Konzept erläutert, so daß Ziele, Inhalte und Vorhaben transparent werden.

Kommt es bei der Zusammenarbeit mit bestimmten sozialen Diensten zu deutlichen Widersprüchen, sollte zunächst immer versucht werden, diese aufzudecken und zu klären. Selbstverständlich ist es dabei ein Gebot der Fairness, Eltern davon zu berichten. In den Fällen, in denen Widersprüche nicht lösbar sind, kann in einer besonderen Aussprache mit Eltern gemeinsam überlegt werden, was zu tun ist, damit das Kind nicht unter den Konfrontationen zu leiden hat. Auf jeden Fall bringt sich der Kindergarten mit seinem *spezifischen Ansatz, mit seinen Erwartungen, Hoffnungen und Befürchtungen, Schwerpunkten und Vorstellungen* fachlich ein, um zu unterstützen, sich gegebenenfalls abzugrenzen oder auch bei Bedarf aus einer Zusammenarbeit zu lösen. Das trifft besonders in den Fällen zu, wo Fachdienste *im Kindergarten* tätig sind. Es darf nicht darum gehen, daß ein Kindergarten z.B. mit Stolz auf eine stundenweise beschäftigte Logopädin oder Motopädin hinweist, ohne ihren genauen *Ansatz* zu kennen. Externe Fachdienste haben sich der MitarbeiterInnenrunde vorzustellen und ihre Arbeitsweise zu erläutern, so daß in einer gemeinsamen Beratung über die Mitarbeit entschieden wird. Findet dieser Prozeß nicht statt, verhält sich ein Kindergarten gewissermaßen „autoritätsabhängig" und würde blind auf eine neue Fachkompetenz vertrauen. Ein solches Vorgehen ist „situationsorientiert" arbeitenden Kindergärten fremd, zumal auch externe Fachkräfte sich nach den aktuellen Projektthemen ausrichten sollten. So wird der Anspruch einer „stimmigen, ganzheitlichen Entwicklungsbegleitung" (integrative Zusammenarbeit im Interesse von Kindern) nicht nur als Schlagwort bestehen, sondern zum festen Bestandteil der alltäglichen Praxis.

9. Zusammenarbeit mit Eltern

Der „Situationsorientierte Ansatz" versucht, Eltern als Partner des Kindergartens zu gewinnen. Dafür bietet er viele Möglichkeiten an, die Zusammenarbeit aufzubauen und zu pflegen (Elternfeste, Elterntreffen, Arbeitsgemeinschaften, Elternabende, gemeinsame Aktionen mit Eltern, Elternberatung, Elterngespräche, Elternmitarbeit, Ausflüge und Seminare, gemeinsam organisierte Ausstellungen, Elternbriefe und -zeitungen ...). Allerdings ist der Kindergarten darum bemüht, trotz der vielfältigen Ansprüche und Erwartungen von Eltern und einem großen Maß an Verständnis sein eigenes *Profil der Fachlichkeit* nicht aufzugeben.

Elternmitsprache: ja, Elternbeteiligung: ja, Elternentscheidung: *nein!* Das mag sich in dieser Klarheit sehr hart und ausgrenzend anhören, ist aber nicht so gemeint. MitarbeiterInnen treffen in ihrer täglichen Arbeit – unterstützt durch die Aussagen der Konzeption – Entscheidungen, die sie durch Fachlichkeit, Auseinandersetzung und Reflexion, Abwägung von Interessen und Notwendigkeiten geprägt sind. Sie lassen sich allerdings nicht die Pädagogik von Eltern vorschreiben. Das würde z.B. auch die Überflüssigkeit einer qualifizierten ErzieherInnenausbildung unterstützen. An dieser Stelle sei ein Bild zur Verdeutlichung herangezogen: Jeder Handwerker (Schreiner, Schlosser, Ingenieur, Bäcker oder Mechaniker) hat *sein Handwerk gelernt:* durch eine Ausbildung, durch Fort- und Weiterbildung sowie durch anerkannte Abschlüsse dokumentiert. Ein Pkw-Fahrer vertraut bei einem Motorschaden seines Autos auf den Mechaniker und stellt sich während der Motorreparatur nicht neben ihn, um mit Ratschlägen das Tun des Handwerkers zu korrigieren. Auch die Elementarpädagogik ist ein *Handwerk* – wie das eines Arztes, eines Psychotherapeuten oder eines Lehrers.

Fordern Eltern z. B. die MitarbeiterInnen auf, daß mit den Kindern mehr „gelernt“ werden soll, ja vielleicht sogar vorschulische Arbeitsmappen wieder eingeführt werden sollen, dann ist es die Aufgabe der ErzieherInnen,

- die Gefahr solcher kognitiven Förderprogramme anhand empirischer Befunde zu belegen;
- die Sinnverbindung von „Spielen und Lernen“ zu verdeutlichen;
- das Lernverhalten von Kindern im Kindergartenalter zu erläutern und
- erfolgte Lernprozesse bei dem entsprechenden Kind anhand genauer Beobachtungen zu dokumentieren.

„Situationsorientiert“ arbeitende Kindergärten sind daher in einem ständigen Austausch mit Eltern, um ihnen die Möglichkeit zu geben, diesen Ansatz der Pädagogik nachvollziehen zu können und ihn mittragen. Zeigen Eltern größte Bedenken, so steht es ihnen frei, ihr Kind aus dem Kindergarten abzumelden und eine Einrichtung zu suchen, die ihren Vorstellungen deutlich näher kommt.

10. Zusammenarbeit mit dem Träger

Der Träger eines Kindergartens hat ein Recht darauf – ebenso wie Eltern –, in regelmäßigen Abständen über Geschehnisse und Besonderheiten in der Einrichtung informiert zu werden. Sei es durch die Zusendung eines Exemplars der Kindergartenzeitung, sei es durch regelmäßige Treffen oder eine Teilnahme an Dienstbesprechungen, sei es durch die Einladungen zu Veranstaltungen oder durch besonders anberaumte Treffen. Wenn dagegen ein Träger nur dann etwas von „seiner“ Einrichtung erfährt, wenn Pressemitteilungen über besondere Vorkommnisse berichten oder Probleme auftauchen, Geldzuwendungen erwartet werden oder andere Forderungen auf ihn zukommen, ist es verständlich, wenn Mißverständnisse oder Abgrenzungen entstehen. „Situationsorientiert“ arbeitende Kindergärten *pflegen ihren Kontakt mit dem Träger,* ist er es doch, der für vorhandene Arbeitsplätze sorgt und gleichzeitig seiner Fürsorgepflicht nachkommen muß. Inhaltliche Differenzen sind ein natürlicher Teil der Arbeitsökonomie (ArbeitnehmerInnen – ArbeitgeberInnen). Allerdings sollten Irritationen nicht auf einer Beziehungsebene ausgetragen werden; dies ist ebenso überflüssig wie destruktiv für beide Seiten.

Bei der Frage nach der „Loyalität zum Träger“ muß angemerkt werden, daß jeder Träger selbstverständlich eine grundsätzliche Loyalität der MitarbeiterInnen erwarten kann. Davon unberührt ist allerdings das Grundrecht aller MitarbeiterInnen, ein Recht auf freie Meinungsäußerung, freie Sprache und ein eigenes Denken bzw. überzeugtes Handeln in Anspruch zu nehmen. MitarbeiterInnen in Kindertagesstätten sind zwar Angestellte des Trägers, doch ist die Zeit der „Leibeigenschaften“ vorbei. ErzieherInnen setzen sich – entsprechend dem eigenständigen Erziehungs-, Bildungs- und Betreuungsauftrag, den Kindertagesstättengesetzen und anderen bedeutsamen Vorgaben – *für* eine kindorientierte Elementarpädagogik ein. Daß es dabei zu unterschiedlich stark ausgeprägten Auseinandersetzungen kommen kann, ist das Spiegelbild einer lebendigen Demokratie.

11. Qualifizierte Anleitung und Beratung der PraktikantInnen

Auf der einen Seite verstehen es die „situationsorientiert“ arbeitenden Kindergärten als eine Verpflichtung, PraktikantInnen aus Fachschulen/-akademien in ihrer Arbeit zu berücksichtigen. Auf der anderen Seite geht es ihnen aber auch darum, die Aufnahme und Begleitung dieser zukünftigen ErzieherInnen auf entscheidungsfähige Orientierungen vorzubereiten.

Jeder Kindergarten, der sich daher auf den „Situationsorientierten Ansatz“ beruft, überprüft von Anfang an anhand vieler Fragen die Möglichkeit, PraktikantInnen aufzunehmen.

Das beginnt schon beim ersten Kontakt. Zunächst erhalten interessierte PraktikantInnen den Hinweis, sich mit der Konzeption des Kindergartens auseinanderzusetzen und die Einrichtung kennenzulernen, um *im Vorfeld* gravierende Fragen/Unterschiede in der Beurteilung von Erwartungen zu besprechen. Diese Diskussion enthält auch den Hinweis der Vertreterin des Kindergartens, daß eine Aufnahme von unterschiedlichen Kriterien abhängig ist:

- Zum einen nimmt ein „situationsorientiert“ arbeitender Kindergarten nur dann PraktikantInnen auf, wenn eine bestimmte Wochenzahl mit der Praktikumszeit verbunden ist. Kurzpraktika oder sogenannte „Schnuppertage“ sind nicht erwünscht, weil Kinder ein Recht auf Beziehungen haben! Haben sich Kinder etwa kaum an „neue Gesichter“ gewöhnt, und müssen sie schon nach wenigen Tagen Abschied nehmen, dann ist es für eine beziehungsorientierte Entwicklungsbegleitung für Kinder nicht hilfreich.
- Zum zweiten werden die Erwartungen des Kindergartens – als Stellvertreter für Kinder – genannt: So geht es um projektorientier-

tes Arbeiten (und keine Anlaßpädagogik bzw. keine Angebotsarbeit), um Engagement und Neugierde, Einsatzbereitschaft und ein hohes Interesse, sowohl persönlichkeitsbezogene als auch inhaltliche Erfahrungen zu sammeln.

- Zum dritten wird eine Einstellung *auch von der Entscheidung der Kinder* abhängig gemacht. So stellen sich mögliche PraktikantInnen z. B. in der Kinderkonferenz den Kindern vor und erzählen von ihrem Anliegen. Im Anschluß daran stimmen die Kinder – zusammen mit den MitarbeiterInnen – ab. Dieses Vorgehen entspricht dem KJHG, wenn es in § 8.1 heißt, daß „Kinder ... entsprechend ihrem Entwicklungsstand an allen sie betreffenden Entscheidungen der öffentlichen Jugendhilfe zu beteiligen sind“ und „die wachsende Fähigkeit und das wachsende Bedürfnis des Kindes ... zu selbständigem, verantwortungsbewußtem Handeln ... zu berücksichtigen sind“ (§ 9.3). Niemand würde in Kindergärten, die nach dem „Situationsorientierten Ansatz“ arbeiten, Kindern diese Rechte und Fähigkeiten absprechen.
- Zum vierten sprechen Anleiterin und Praktikantin, wenn es zu einer Aufnahme kommt, den PraktikantInnenplan durch – welche individuellen Voraussetzungen und Schwerpunkte berücksichtigt werden, welche Fachliteratur zu lesen ist, wie die zeitliche und organisatorische Struktur aussehen wird bzw. wo Abgrenzungen – auch von schulischen Erwartungen – vorgenommen werden.

12. Einbeziehung des Gemeinwesens in die tägliche Arbeit

Da Kinder in immer stärker eingeengten Lebensräumen, zerteilten Zeiten und zerrissenen Lebenswelten aufwachsen, versucht der Kindergarten, Kinder vielfältige Erfahrungen machen zu lassen. Er ist damit kein Ort des Rückzugs oder einer eigenen Welt, sondern ein Lebensraum, der mit vielen anderen Einrichtungen und Personen verbunden ist: den Läden und Geschäften, dem Markt und den Verkehrsmöglichkeiten, dem Schwimmbad und anderen Kindergärten, dem ökologischen Umfeld (Wald/Wiesen/Parks), den Behinderten- und Alteneinrichtungen, den Handwerkern, Arbeitsstellen der Mütter und Väter, dem Gemeindehaus und der Pfarrei, der Bücherei, den Buchhandlungen und dem Theater ... Alle Vorhaben werden *mit den Kindern* geplant und durchgeführt, so daß Kinder an *Realitäten* beteiligt sind und damit ihr Umfeld *durch* die Aktivitäten selbst kennenlernen. So wird z. B. ein „kindergartenspezifisches Verkehrstraining“ dadurch überflüssig, daß Kinder sich *im Verkehr* bewegen. Bilderbücher über Menschen aus anderen Kulturen werden überflüssig, indem Kontakte zu Menschen aus anderen Ländern hergestellt und gepflegt werden (z. B. durch Kontakte zu asylsuchenden Menschen). Das Anliefern von Pflanzen für den eigenen Garten wird überflüssig durch die Besuche von Eltern, die bereit sind, Pflanzen aus ihrem Garten abzugeben. Es wird überlegt, ob und wie *mit Kindern* eingekauft und gekocht werden kann, so daß „Fertiggerichte" überflüssig werden. Anstatt in einer Regeleinrichtung ein Thema über „behinderte Menschen" zu behandeln, werden Kontakte zu Einrichtungen gesucht, in denen Menschen mit einer Behinderung leben. Es werden Patenschaften mit älteren MitbürgerInnen aus Alten-/Pflegeeinrichtungen aufgebaut, so daß Bilderbücher zum Thema nicht im Vordergrund stehen und zu „didaktischen Einheiten" verarbeitet werden würden. Kinder können auf diese Weise *ihr Umfeld* kennenlernen, Fragen stellen, Erfahrungen machen und *vor Ort* erleben, was es heißt, ein Teil der Welt zu sein: *praktisch, lebensnah, realistisch und sinnverbunden.*

13. Aktive Öffentlichkeitsarbeit

Kindergärten, die sich entschieden haben, nach dem „Situationsorientierten Ansatz" zu arbeiten, suchen vielfältige Möglichkeiten, ihr besonderes Tätigkeitsverständnis nach außen zu bringen. So wie es z. B. durch die Konzeption oder die Kindergartenzeitung geschieht, die in einer begrenzten Menge auch öffentlich (z. B. über die Buchhandlung) zu beziehen sein könnte, so werden zu Themenelternabenden Pressevertreter eingeladen bzw. auch „Nichtkindergarteneltern" willkommen geheißen. Sei es, daß ErzieherInnen an öffentlichen Podiumsveranstaltungen oder kommunalen Diskussionen teilnehmen bzw. diese initiieren, Ausstellungen mit Kindern arrangieren oder kontinuierlich für Fachbeiträge in der Tagespresse sorgen – immer wird versucht, in die Öffentlichkeit an der Pädagogik des Kindergartens zu beteiligen. Auch wenn es vielleicht zunächst nur mit der Gestaltung des Gemeindeschaukastens beginnt – der Kindergarten gibt eine inhaltliche Zurückhaltung auf und sorgt für ein deutliches Profil.

Es kann durchaus angenommen werden, daß *nur* durch eine aktive Öffentlichkeitsarbeit das Bewußtsein vieler Menschen auf die große Bedeutung der Elementarpädagogik gelenkt wird. Ein Blick in die vielen Talk-Runden auf den unterschiedlichen Fernsehkanälen läßt Themen der Kindergartenpädagogik weitestgehend vermissen. Dasselbe gilt für Radiosendungen.

Insoweit ist es besonders erfreulich, wenn erste Versuche einer aktiven Öffentlichkeitsarbeit erfolgreich sind: So haben ErzieherInnen in Schleswig-Holstein in einem Lokalsender hervorragende Fachbeiträge zur Elementarpädagogik gebracht, in Niedersachsen kam es ebenso wie in Thüringen zu vielbeachteten Podiumsdiskussionen, und in Bayern wurden Eltern durch kompetente Informationen der ErzieherInnen zur Bildung von Arbeitskreisen motiviert, wobei es immer um die Frage ging, „was Kinder für eine gute Entwicklung brauchen und was Erwachsene dafür unternehmen können/müssen“.

Presseartikel zum „Laternenlaufen“, zur „Aufführung von Theaterstücken“ oder zur „Entgegennahme von Spenden“ *drücken keine Fachlichkeit* und keine Eigenständigkeit aus. Im Gegenteil: Das Bild einer „Basteltante“ wird verstärkt und schadet dem elementarpädagogischen Profil.

14. Raumgestaltung/Außengestaltung mit Kindern

„Räume sind die zweite Erzieherin“ – diese Grundlage weist auf den hohen Wert der Wirkung von Räumen hin, denn Materialien und Temperatur, Gerüche und Lichtquellen, Farben und Wände, Möbel und die Beschaffenheit der Böden, Bilder und Pflanzen, Flächen und Spielmaterialien, Raumformen und -höhen, Platz und Materialzuordnungen haben ständig ihren Einfluß auf die Vielfalt kindlichen Wohl- und Unwohlfühlens.

Räume lassen Kinder toben oder zur Ruhe finden, fordern zum Ausprobieren und Experimentieren auf, provozieren Aktivität oder Passivität, motivieren zum Spielen oder zum Beobachten, wirken erregend, langweilig oder lusttötend.

Räume in „situationsorientiert“ arbeitenden Kindergärten möchten Lebensräume für Kinder sein! Sie sind daher weder nach „streng pädagogischen Gesichtspunkten“ konzipiert noch „von der Stange“ eingerichtet; sie sind individuell und nicht austauschbar! Lebendig wirkende Räume ergeben sich häufig aus einer Kombination von gut erhaltenen, gebrauchten Möbeln, individuellen Einzelanfertigungen, selbst gewerkten Gegenständen und ansprechenden, industriell gefertigten Produkten, die im Sinne des „Situationsorientierten Ansatzes“ mit den Bedürfnissen von Kindern übereinstimmen. Folgende Merkmale können – zunächst für den Innenbereich – gelten:

- Volldekorierten Räumen wird eine Absage erteilt. Wenn Kinder zu jedem Augenblick mit irgendwelchen Reizen konfrontiert werden, können sie nicht zur Ruhe kommen, so daß sich kein Wechsel von Spannung *und* Entspannung ergeben kann.

- Kindergartenräume sind in vielen Fällen mit Tischen und Stühlen „zugestellt", so daß für Kinder wenig Platz besteht, sich zu bewegen. Also gilt es, platzeinnehmendes Mobiliar zu entfernen.
- Bodenflächen sind zum Spielen da. Insofern ist es hilfreich, wenn auch die Bodenbeschaffenheit zum Aufenthalt einlädt, was durch Teppichböden oder Teppiche unterstützt werden kann.
  Die Wärme eines solchen Bodens ist für viele Kinder angenehmer als etwa die Kühle eines Linoleumbodens.
- Selbst hergestellte Wandtafeln (glatte Flächen, mit Tafelfarbe bestrichen) laden zum Malen und Zeichnen ein.
- Fensterbänke können oftmals durch Verbreiterungen als Spiel- oder Werkflächen genutzt werden.
- Mobile Podeste (erhöhte Bodenflächen) können von Kindern für unterschiedliche Aktivitäten genutzt werden.
- Zweite Ebenen entzerren die Gruppengröße und laden Kinder ein, sich mit ihren Freundinnen und Freunden zurückzuziehen.
- Raumteiler oder Stoffe, die an Schienen an der Zimmerdecke befestigt werden, können je nach Bedarf vor- oder zurückgezogen werden.
- Eingangshallen/-bereiche, Flure oder Garderoben sind beliebte Spielplätze von Kindern. Gemeinsam mit ihnen kann überlegt werden, wie diese Räume mitgenutzt werden können. Und sei es „nur", daß in einem kleinen Eingangsbereich das Kindercafé eingerichtet wird, wo Kinder zu jeder Zeit ihr Frühstück einnehmen können.
- Höhlen oder Zelte bieten Kindern die Möglichkeit, sich für kürzere oder längere Zeiten zurückzuziehen, um sich so den allzeit anwesenden Blicken von Erwachsenen zu entziehen.
- Wandklappen (bis zum Boden reichende Markisen) können je nach Bedarf von der Wand heruntergeklappt werden, so daß Kinder zusätzliche Rückzugsecken finden.
- Wandregale aus sorgfältig zusammengeleimten, massiven Gemüse- oder Obstkisten, die an der Wand festgedübelt und -geschraubt sind, geben Kindern einen offenen Einblick in ihr Innenleben (statt geschlossener Schränke).
- Litfaßsäulen im Eingangsbereich des Kindergartens oder halbe Litfaßsäulen in den Gruppenräumen schenken zusätzlichen Platz für Wandflächen.
- Lange Flure können durch zusammengebundene Vorhänge wohnlicher gestaltet werden.
- Große Spiegel (sogenannte Ganzkörperspiegel) laden Kinder dazu ein, sich neugierig zu betrachten. Wenn diese zusätzlich in einer

Schminkecke angebracht sind, in der sogar ein Kleiderständer (aus dem Kaufhaus) steht und die reichlich mit attraktiven Kleidungsstücken, Hüten und Schals bestückt ist, finden Kinder häufig ein Interesse, sich zu verkleiden und Rollenspiele zu beginnen.

- Eine Werkecke im Kindergartenraum oder – bei fehlendem Platz – im Flurbereich, die mit einer Werkbank bestückt ist und vielerlei Materialien zur Verfügung stellt, kann dann von Kindern genutzt werden, wenn sie für ihre Vorhaben oder bestimmte Projekte etwas „zimmern“ möchten.

Das Außengelände besitzt für Kinder dann Attraktivität, wenn es in gleichem Maße zu einem Erlebnisraum wird wie der Innenbereich. Das Wichtigste scheint zu sein, daß es nicht von allen Seiten offen und damit einsehbar ist: Dichte Sträucher oder Hecken sorgen dafür, daß Kinder „unter sich“ spielen können. Gleichzeitig wirken solche Strauch-/Heckenbüsche als ein kleiner Lärmschutz.

Kinder wollen sich auf dem Außengelände bewegen und zurückziehen können. Diesen unterschiedlichen Bedürfnissen kommt ein „Situationsorientierter Kindergarten“ entgegen. So gibt es Matschflächen, Sand und Wasser, Bäume zum Klettern und große Rohre zum Verstecken, Podesthöhlen für Rollenspiele und Hängematten zum Träumen, Steine und liegende Bäume zum Balancieren, Netze in Bäumen und aufgeschüttete Hügel zum Verstecken, Erdlöcher zum Feuer machen und Kartoffelbacken, selbstangelegte Beete zum Pflanzen und Ernten, Zelte und Höhlen zum Rückzug, Haustiere (Ziegen, Hühner) zum Pflegen und Nutzen, Weidentunnel und -hütten, Gruben und Gräben, Holz zum Bearbeiten, verschiedene ebenerdige Rundsitzflächen, die an ein Amphitheater erinnern, überdachte Terrassen, so daß auch bei nassem Wetter gut draußen gespielt werden kann, und selbstgebaute Blockhütten, die Kindern weitere Rückzugsmöglichkeiten bieten. Einige Kindergärten haben sich alte Bauwagen oder selbst Schiffe besorgt und diese mit Kindern liebevoll restauriert und bewohnbar gestaltet. Der Phantasie ist dabei keine Grenze gesetzt.

15. Kontinuierliche Fort- und Weiterbildung

Da der „Situationsorientierte Ansatz“ von einer hohen Selbst-, Sach- und Sozialkompetenz der ErzieherInnen lebt, gehören Fort-, Weiter- und Zusatzausbildungen zur Berufspraxis. Allerdings ist dieser Begriff weit gefaßt. Einerseits geht es um das regelmäßige (!) Lesen von Fachbüchern und Fachzeitschriften, andererseits um den Besuch von Seminaren, Supervisionssitzungen und Arbeitsgemeinschaften. Es gibt eine alte Aussage, die lautet: „Wer aufhört, besser werden zu wollen als er ist, hört auf, gut zu sein."

Dabei werden immer wieder eigene Handlungskompetenzen überprüft, Gutes – für Kinder dienliche Strukturen – bewahrt und Ungünstiges verändert.

Fort-, Weiter- und Zusatzausbildungen prägen das Profil von ErzieherInnen, wenn *inhaltliche und personbezogene* Erfahrungen bzw. (Er-)Kenntnisse ausgewertet und neu gestaltet werden.

Veranstaltungen zum „Basteln" haben ausgedient, weil es darum geht, Kinder in ihrer Kompetenzerweiterung, ihren Fähigkeiten (*nicht:* Fertigkeiten) und Bedürfnissen helfend zur Seite zu stehen, um *mit ihnen* die Tage im Kindergarten zu gestalten. Seminarangebote werden in einem Vergleich unterschiedlicher Veranstalter miteinander in Beziehung gesetzt, um eine Entscheidung für das beste Angebot zu treffen. Dabei kann es auch vorkommen, daß finanzielle Eigen*anteile* geleistet werden müssen, wenn der Etat des Kindergartens nicht ausreicht. Als besonders effektiv hat es sich erwiesen, wenn ganze MitarbeiterInnengruppen *gemeinsam* eine Fortbildung besuchen und sich eine entsprechende Referentin/einen entsprechenden Referenten in die Einrichtung holen oder gemeinsam in einem Tagungshaus einen thematischen Schwerpunkt bearbeiten. Es ist immer von größerer Effektivität, wenn *alle* das „Neue" aus einer Hand erfahren.

Fort- und Weiterbildung hat nichts mit dem Alter der ErzieherInnen zu tun, so daß dieser Bereich eine berufsbegleitende Verpflichtung und Chance darstellt. Fort-, Weiter- und Zusatzausbildungen helfen immer wieder, eigene „blinde Flecken" zu entdecken, eingefahrene Muster und Strukturen zu bemerken und neue Impulse für sich und die Arbeit aufzugreifen – ganz im Interesse der Kinder, die ein Recht darauf haben, daß sie in ihrer Entwicklung begleitet und nicht gehindert werden.

3. Projekte als Ausdrucks- und Verarbeitungshilfen für Erlebnisse, Erfahrungen und Geschehnisse im Leben der Kinder

Der „Situationsorientierte Ansatz“ geht davon aus, daß Kinder in einer Vielzahl von Eindrücken leben, die eine unmittelbare Auswirkung auf die Lebenseinstellung und Gestaltung ihres Kind-erlebens haben. So beschäftigen sich die Kinder z. B. mit

- den Inhalten gesehener Fernsehsendungen;
- der Frage, ob ihre Freundin/ihr Freund noch zu ihnen hält;
- der Erfahrung, daß Mama und Papa sehr häufig streiten;
- der Frage, ob Mama und Papa sie noch lieb haben;
- der Traurigkeit, daß sie bestimmte Dinge noch nicht können;
- der Erfahrung, daß andere Kinder etwas besser können als sie;
- der Frage, ob Mama/Papa sie – wie versprochen – pünktlich vom Kindergarten wieder abholt;
- der Hoffnung, daß ihnen jemand auch wirklich zuhört, wenn sie etwas Wichtiges erzählen möchten;
- der Wut darüber, daß sie sich ungerecht behandelt fühlen;
- der Freude, nach dem Kindergartenbesuch wieder mit den eigenen Spielsachen zu Hause spielen zu können;
- dem Ärger darüber, daß sie sich in ihrem Bewegungsbedürfnis eingeschränkt fühl(t)en;
- der Angst, daß ein Gespenst unter ihrem Bett liegt;
- der Angst, daß sie wegen bestimmter Dinge ausgelacht werden könnten;
- der Not, daß Erwachsene ihnen körperlich oder seelisch wehtun;
- der Sorge, ob ihr Haustier auch in ihrer Abwesenheit nicht einsam ist;
- der Hoffnung, daß der vergangene Streit mit den Eltern vergessen ist;
- der Freude auf ein Wochenende, das die ganze Familie zusammen verbringen will;
- der Wut darüber, daß ein bestimmtes Versprechen nicht eingehalten wurde;
- dem Ärger über das „Verpetzen“ durch ein anderes Kind;

- der Angst vor den Wutausbrüchen bestimmter Kinder aus der Gruppe;
- der Unsicherheit, ob sie ihr Vorhaben heute auch umsetzen können;
- ihrer Einsamkeit, weil sie sich häufig verlassen fühlen;
- der Wut über die Einschränkungen/Eingrenzungen ihrer Neugierde;
- der Scheu davor, etwas machen zu sollen, was sie nicht möchten oder nicht können;
- der Furcht, bestimmte Erwartungen nicht erfüllen zu können;
- dem erlebten Glück, eine feste Freundschaft zu haben;
- der Verwirrung, daß Dinge von ihnen verlangt werden, für die sie kein Interesse aufbringen.

Diese und viele andere *Erlebnisse – innerhalb und außerhalb des Kindergartens* – machen die *individuellen Kinderleben* aus, so daß gesagt werden kann, daß Kinder eine große Bündelung von Erfahrungen in sich tragen und – bildlich ausgedrückt – „mitschleppen". Tagein und tagaus strömen vielfältige, aufeinander aufbauende oder widersprüchliche Reize auf Kinder ein und bewirken bestimmte Erlebnisqualitäten.

Aus der Entwicklungspädagogik ist bekannt, daß Kinder diese unterschiedlichen Eindrücke „ordnen" müssen und wollen, um sich mit einer *Wahrnehmungsoffenheit* auf jeweils aktuelle Ereignisse einlassen zu können. Erwachsenen geht es dabei ebenso.

(Beispiel aus der Kinderwelt: Wenn etwa ein Kind die Streitigkeiten seiner Eltern oder die finanziellen Sorgen – z. B. ausgelöst durch Arbeitslosigkeit – mitbekommt, so hat sein Einsamkeitsgefühl oder die Traurigkeit seiner Eltern eine Auswirkung auf sein aktuelles Erleben. Was interessiert das Kind dann die Beschäftigung mit „gesunder Ernährung" oder „dem Erwachen des Frühlings"? *Sein Thema* dreht sich um sein Alleinsein/seine Trauer. Beispiel aus der Erwachsenenwelt: Wenn etwa ein Erwachsener an seiner Arbeitsstelle ein hohes Maß an Konzentrationsfähigkeit aufbringen muß, gleichzeitig sein(e) Partner(in) oder das eigene Kind schwerkrank im Bett liegt, dann ist es verständlich, daß durch die Gedanken an diese Krankheit die arbeitsnotwendige Konzentrationsfähigkeit eingeschränkt sein wird.

Kinder setzen sich mit ihren (!) Themen auseinander, um mit einer erneuten/immer wiederkehrenden Beschäftigung bestimmte Lösungen zu suchen. Wer kennt es in diesem Zusammenhang nicht, daß Kinder mit bestimmten Fragen z. B. immer wieder ein bestimmtes Rollenspiel durchführen oder ein bestimmtes Märchen hören wollen. Tag für Tag, Woche für Woche.

Der „Situationsorientierte Ansatz" hat also in seiner Projektplanung und Durchführung das Ziel, Kindern dabei zu helfen, sich mit ihren individuellen Themen beschäftigen zu können.

Kinderthemen sind damit Projektthemen!

Im Unterschied zu anderen elementarpädagogischen Ansätzen versucht der „Situationsorientierte Ansatz" – um in einem Bildvergleich zu sprechen –, Kinder ihre Erfahrungen, Erlebnisse und Eindrücke, die sie im Laufe ihres Lebens aufgrund mangelnder Zeit in einen Rucksack gepackt haben/packen mußten, Stück für Stück *auspacken zu lassen.* Kindfremde Themen (aus der Erwachsenenwelt) brächten hingegen neue Steine in den Rucksack, der immer schwerer auf dem Rücken der Kinder lasten würde. Es wären Steine aus dem Grunde, daß Kinder keine Sinnverbindung zu *ihrem* Thema herstellen könnten bzw. sie aufgrund gestellter Erwartungen herstellen müßten. Eine weitere Verwirrung wäre die Folge.

Das Ganze kann graphisch dargestellt werden:

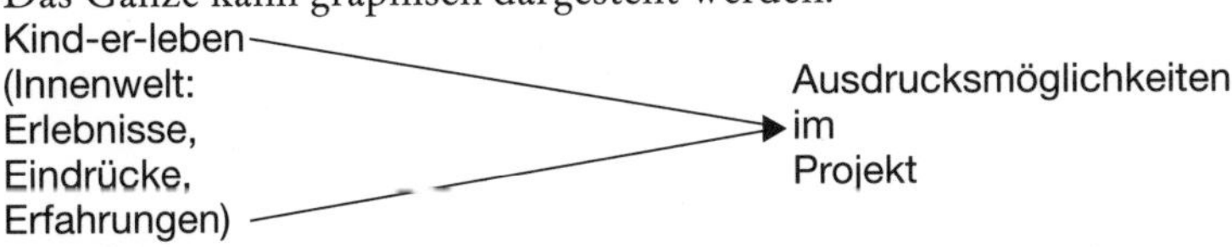

Erwachsenenthemen – wie immer sie auch heißen – gehen einen umgekehrten Weg:

Wenn Kinder sich in den Tagen, Wochen und Monaten ihrer Kindergartenzeit nicht verstanden fühlen oder keine Möglichkeiten bzw. eingeschränkte Chancen erhalten, sich mit sich selbst auseinanderzusetzen – mit *ihren Schwerpunkten* und *ihren kindeigenen Ausdrucksformen* –, wundert es nicht, daß sie

- keine Lust zum Kindergartenbesuch haben;
- bestimmte Angebote verweigern;
- das Abholen von den Eltern kaum abwarten können;
- eine sogenannte „Kindergartenmüdigkeit" entwickeln.

Oder würden Sie eine Veranstaltung tagtäglich besuchen wollen, die langweilig ist bzw. bei der es um Angebote/Schwerpunkte geht, die nicht auf Ihr Interesse stoßen?

Alles, was Kinder tun, hat einen Grund!

Menschen (Kinder wie Erwachsene) unternehmen nichts, ohne einen Impuls für eine bestimmte Tätigkeit zu spüren.

Ein Kind, das „wie aus heiterem Himmel plötzlich aufsteht und eine bestimmte Spieltätigkeit bestimmter Kinder zerstört", wird einen Grund dafür spüren und einen bestimmten Zweck mit seiner Tätigkeit verfolgen.

Ein Kind, das „über eine lange Zeit mit seinem Frühstück beschäftigt ist und andere Kinder/Spieltätigkeiten" beobachtet, wird dies nicht *„einfach nur so"* machen, sondern einen Grund besitzen und einen bestimmten Zweck erreichen wollen.

Ein Kind, das bei einem leichten Hinfallen „wie am Spieß brüllt", wird auch dafür einen bestimmten Grund haben und einen Zweck zum Ausdruck bringen.

Selbstverständlich – auch das ist aus der Entwicklungspädagogik bekannt – stehen dabei nur selten *bewußte Gedankenprozesse* im Vordergrund: Es kann eher davon ausgegangen werden, daß es *unbewußte Impulse* sind, die ein Kind zu seinem spezifischen Handeln führen. Nicht die *Absicht* steht an erster Stelle, sondern ein Handlungsimpuls, der sich in der Folge in einer Absicht praktisch zeigt. (Beispiel: Wenn etwa ein Kind die Erfahrung gemacht hat, daß es für eine bestimmte Tätigkeit getadelt wurde, dann kann es Angst davor entwickeln, ein erneutes Mal getadelt zu werden. Um dem aus dem Wege zu gehen, verzichtet es auf einen erneuten Aktivitätsversuch und bleibt aus Angst lieber inaktiv, um so einen möglichen Tadel zu vermeiden.)

Zusammenfassend läßt sich daher der Begriff *„Projekt"* wie folgt definieren:

> Ein Projekt ist eine Handlungs- und Erfahrungsaktivität, die den Kindern die Möglichkeit gibt, sich mit sich selbst, anderen Menschen und Gegenständen auseinanderzusetzen. Dabei berücksichtigt ein Projekt die inneren Lebensthemen der Kinder und macht diese zum Ausgangspunkt der Arbeit. Projekte dienen damit als „Verarbeitungshilfen", so daß Kinder sich aus Irritationen und Verwicklungen entwickeln können.

Wenn das Leben vieler Kinder einer Autofahrt auf einer Autobahn gleicht, bei der zwar viel gesehen wird, die wahrgenommenen Bilder aber nur kurzfristig aufgenommen werden können, weil ständig neue Bildeindrücke zu sehen sind, dann kann kein Bild mit Zeit und Ruhe betrachtet werden. Kaum wurde ein Bild erfaßt, rückt schon das Nächste in die Aufmerksamkeit und überlagert den vorherigen Eindruck.

Der Kindergarten mit dem Schwerpunkt des „Situationsorientierten Ansatzes" will – um in dem oben genannten Bildvergleich zu bleiben – einen Rastplatz anbieten, um gemachte Erfahrungen noch einmal „nachzuarbeiten". Es gibt in der humanistischen Pädagogik eine wesentliche Aussage, die an dieser Stelle wiedergegeben werden soll:

Eine *Freiheit im Fühlen*
bewirkt
eine *Freiheit im Denken*
mit der Folge zur
Freiheit im Handeln.

Gefühlsirritierte, emotional belastete Kinder sehen sich – aus hirnphysiologischer Sicht – gezwungen, sich durch die Fülle ihrer Emotionen nur mit bestimmten Gedanken auseinanderzusetzen. So z.B.: „Wie finde ich um alles in der Welt einen Freund?", „Wie kann ich es schaffen, besser als andere zu sein?", „Wie kriege ich Mama/Papa dazu, mir dieses bestimmte Spielzeug zu kaufen?" ... Diese besonderen Gedanken führen Kinder wiederum nur zu bestimmten Handlungsmustern.

Würden nun Erwachsene diese *Handlungsmuster* (z.B. immer der Stärkere sein zu müssen, der „King" der Gruppe zu sein, nicht aufzufallen, für sein Recht zu kämpfen, immer als Erster bei einer Tätigkeit mitmachen zu müssen ...) verändern wollen, *ohne den Kindern dabei zu helfen, aus Gefühlsstrukturen herauskommen zu können,* würde – umgangssprachlich ausgedrückt – „ein Pferd von hinten aufgezäumt werden". Das heißt, Veränderungsschritte zum Verhalten der Kinder sind zum Scheitern verurteilt, weil *Folgen* (Folgeverhaltensweisen) zum Ausgangspunkt der Arbeit erklärt würden und nicht *Ausgangspunkte selbst.*

Ein Kind, das immer Erster sein möchte, hat erlebt, daß es in seinem bisherigen Leben häufig zu kurz kam. Sein Verhalten ist daher logisch und richtig.

Ein Kind, das glaubt, seine Stärke beweisen zu müssen, hat in der Vergangenheit sicherlich des öfteren erlebt, daß es der Schwächere war/sein mußte.

Ein Kind, das voller Elan auf einen Baum klettert und von oben herab wie Tarzan brüllt, hat sicherlich recht häufig erleben müssen, daß es zu selten auf sich/sein Handeln wirklich stolz sein konnte/durfte.

Ein Kind, das sich bei Anforderungen zurückzieht und aus dem Blickfeld der Erwachsenen fliehen möchte, hat sicherlich in seinem Leben häufig Situationen erfahren müssen, daß es als „dumm" abgestempelt wurde oder „Fehler" gemacht hat, die ihm vorgehalten wurden.

Ein Kind, das vehement um „sein Recht kämpfen muß", war sicherlich in vielen Situationen auf der „Verliererseite", so daß es sich jetzt sagt, „auch *ich muß endlich einmal zu meinem Recht kommen*", um nicht erneut den kürzeren zu ziehen.

Wenn Kinder *auch im Kindergarten* die Erfahrung machen müssen, daß dieser Ort nicht ihren Grundbedürfnissen entgegenkommt, indem ihnen

Sicherheit gegeben
(durch Verstehen und Gefühlsakzeptanzen),
Neugierde zugestanden
(durch eine reizreduzierte, attraktive Welt),
Handlungsaktivitäten eingeräumt
(durch ein hohes Maß an Erfahrungsmöglichkeiten)

werden, dann sind sie immer stärker gezwungen, sich entweder andere Rückzugsnischen/Erfahrungsfelder zu suchen oder Probleme mit der eigenen Psychodynamik auszuleben.

Projekte werden *mit Kindern* gefunden und haben – das zeigen viele Beispiele aus der Praxis – sehr unterschiedliche Zeitspannen.

Es gibt Projekte, die über 6–8 Wochen dauern, und es gibt Projekte, die laufen über 6 Monate und darüber hinaus. In keinem Fall sind Projekte kurzfristige Themenangebote durch Erwachsene. In diesem Vorgehen würden lediglich die Wörter „Angebote oder didaktische Einheiten" durch das Wort „Projekt" ausgetauscht. Allerdings ist mit einer anderen Wortnutzung noch lange kein *„Projekt" in seiner ursprünglichen Bedeutung* gemeint.

3.1. Lebenspläne als Ausdrucksformen der Kinder und als Ausgangswerte für Projekte

Kinder haben sechs Ausdrucksformen, um einerseits mit ihrem Umfeld in Kontakt zu kommen, andererseits ihrer Umgebung zu offenbaren, wie es ihnen geht, womit sie sich zur Zeit in ihrer Seele auseinandersetzen und was sie suchen/brauchen, um sich wohlzufühlen und identisch mit sich und ihrer Umgebung zu leben:

Ausdrucksform: Verhalten(sweisen),
Ausdrucksform: Spiel,
Ausdrucksform: Bewegung(sverhalten),
Ausdrucksform: Sprache/Sprechen,
Ausdrucksform: Malen und Zeichnen,
Ausdrucksform: Träume.

Diese sechs Äußerungsmöglichkeiten sind ein unendlich vielfältiges, facettenreiches und ausdrucksstarkes Feld, mit dem Kinder uns Tag für Tag erzählen, wie ihr Seelen(er)leben gestaltet ist.

Christa Wolf hat es – wenn auch in einem anderen Zusammenhang – einmal so ausgedrückt:

„Das habe ich lange nicht begriffen:
daß nicht alle sehen konnten, was ich sah.
Daß sie die nackte, bedeutungslose Gestalt
der Ereignisse nicht wahrnahmen …
Mit Blindheit geschlagen, ja.
Alles, was wir wissen müssen,
wird sich vor ihren Augen abspielen,
und sie werden nichts sehen.
So ist das eben." *

Wenn seelische Grundbedürfnisse und bedeutsame Gefühle der Kinder zum Ausdruck kommen, dann

- tanzen sie vor Freude (Bewegung);
- erzählen sie wie ein Wasserfall von bestimmten Erlebnissen (Sprechen);
- versuchen sie – trotz ihrer Sprechbehinderung – von etwas Bedeutsamen zu berichten, auch wenn sie kaum zu verstehen sind (Sprache);

* Christa Wolf: Kassandra. Erzählung. Luchterhand Literaturverlag, Frankfurt a. M. 1989, S. 94.

- hauen sie zu, wenn sie nicht zurückstehen wollen (Verhalten);
- klagen sie über Bauchschmerzen, die sie jeden Morgen quälen (Verhalten/Sprache);
- trauern sie über den Verlust ihrer bisherigen Freundschaft (Verhalten/Sprache);
- lehnen sie die Aufnahme von Nahrung ab (Verhalten);
- essen sie voller Unruhe und Gier (Verhalten);
- ziehen sie sich zurück und malen ein Bild/immer dieselben Bilder (Malen/Zeichnen);
- reagieren sie mit Durchfall auf belastende Situationen oder Überforderungen (Verhalten);
- berichten sie über bestimmte Fernsehsendungen (Sprechen);
- spielen bestimmte TV-Szenen nach (Spiel);
- ziehen sich in die Bauecke zurück und stapeln mit Holzbausteinen riesige Türme oder Wolkenkratzer (Spiel);
- rennen sie den Flur hoch und runter (Bewegung);
- nässen sie tagsüber oder des Nachts ein (Verhalten);
- spüren sie starke Verspannungen im Körper und zeigen es anhand visuell-motorischer Koordinationsschwierigkeiten (Verhalten);
- zeigen sie beim Erzählen bestimmte Artikulationsschwierigkeiten (Sprache);
- kuscheln sich an einen Erwachsenen bei ihrem Gefühl von Traurigkeit oder Alleinsein (Verhalten);
- erzählen von ihren Sorgen (Sprechen);
- wachen schweißgebadet aus ihrem Schlaf auf wegen eines beängstigenden Traumes;
- haben vor Aufregung starke Herzschmerzen und setzen sich langsam auf einen Stuhl (Verhalten/Bewegung);
- ziehen sich mit anderen Kindern unter einen Tisch zurück, klappen die Decken herunter und unternehmen Doktorspiele (Verhalten/Sprechen);
- reißen sich vor Wut an den Haaren (Verhalten) und schreien sich an (Sprechen), benutzen dabei „harte Worte“ (Sprache) und laufen anschließend auseinander (Bewegung);
- üben gerne ein Theaterstück (Spiel);
- lutschen am Daumen (Verhalten);
- knabbern an den Fingernägeln (Verhalten);
- können nicht einschlafen (Verhalten) und rufen nach ihren Eltern (Sprechen);
- verstecken sich aus Angst hinter einem Stapel Kartons (Verhalten);

- ordnen immer wieder ihre Spielsachen in einer ganz bestimmten Anordnungsfolge (Verhalten);
- hämmern an ihrer Bauhütte (Bewegung) und passen neue Bretter zum Anbau an (Verhalten);
- ziehen sich bei seelischen Verletzungen traurig zurück (Verhalten);
- erzählen fantastische Geschichten (Sprechen) oder
- ärgern ein anderes Kind (Verhalten).

Der Tagesablauf der Kinder ist durch vielfältigste Ausdrucksformen gekennzeichnet, durch die die Kinder ihr inneres Erleben nach außen tragen!

Mit ihrem unbändigen Toben in der Gruppe, bei dem sie „über Tische und Bänke" laufen, mit hochrotem Kopf gar nicht andere Kinder und deren Bedürfnisse wahrnehmen können, bei dem Spiele von den Tischen gerissen werden und „nur" Bewegung und Schreien im Vordergrund stehen, drücken Kinder z. B. aus: „Ich bin so in einem Zustand von Streß, daß ich weder hören noch wahrnehmen kann und mich daher ‚frei-bewege'. Schenk mir Platz und Zeit für mein Ausbewegen."

Ein Kind, das in der Ecke sitzt und scheu den anderen Kindern zuschaut, was sie machen, beim Blickkontakt aber seine Augen senkt und mit den Fingern an seiner Kleidung zupft, drückt damit aus: „Ich trau mich nicht, mit euch Kontakt aufzunehmen. Vielleicht würde ich es gerne, deswegen schaue ich zu, aber ich bin noch nicht soweit, daß ich es schaffe. Laßt mir noch Zeit."

Ein Kind, das davon erzählt, daß es einen „schlimmen Traum" hatte, bei dem es von wilden Tieren verfolgt wurde, die es fressen wollten, und in welchem keiner in der Nähe war, der ihm helfen konnte, bringt zum Ausdruck: „Da gibt es etwas, wovor ich Angst habe. Ich fühle mich von einer Gefahr verfolgt. Bei diesem Problem bin ich alleine. Hilf mir, daß die Gefahr aufhört und nicht noch größeren Schaden anrichtet."

Ein Kind, das immer und immer wieder in der Bauecke mit großer Sorgfalt an einem Haus baut, in dem allerdings keine Fenster und keine Türen eingebaut sind, es gleichzeitig ängstlich drauf achtet, daß niemand das Haus zerstören kann, drückt – aus dem Sprachverständnis eines Erwachsenen formuliert – aus: „Ich bin dabei, an meiner Persönlichkeit zu arbeiten. Noch darf/soll niemand in mich hineinschauen und keiner soll/darf in mich eindringen. Was ich brauche, ist Ruhe und Zeit, damit ich mich mit mir selbst auseinandersetzen kann."

Ein Kind, das davon berichtet, daß das letzte Wochenende ganz schön gewesen sei, weil es mit Mama und Papa einen großen Ausflug unternommen habe, drückt damit aus: „Wenn meine Eltern für mich Zeit haben, dann geht es mir richtig gut. Das ist aber eher selten. Ich würde mich freuen, wenn beide noch weitaus öfter solche Ausflüge mit mir unternehmen würden. Dann sind wir drei zusammen."

Ein Kind, das immer wieder mit einem Filzstift oder einem anderen Schreiber auf ein weißes Blatt einschlägt und sich mit seinem „Hiebekritzeln" von Spannungen befreien will, drückt aus: „Ich bin voller Anspannung. Richtige Zeichnungen kann ich zur Zeit nicht schaffen, dafür sind meine Gefühle zu stark. Ich muß aus meinem Druck raus! Dabei hilft mir der Stift und das Papier. Laß mich zunächst bei meiner Druckentlastung bleiben."

Ein Kind, das von einer Fernsehserie berichtet, bei der ein „Megafuzzi" alle anderen besiegt hat und in einen Sumpf warf, dessen Schlamm alle Feinde erstickte, während er selbst durch seine zwei Leben unverletzt blieb, drückt damit aus: „Auch ich werde häufig verletzt (seelisch und/oder körperlich). Die einzige Möglichkeit zum Überleben liegt darin, besser zu sein als die anderen. Darum muß ich wie der ‚Megafuzzi' kämpfen. Weil ich der Schwächere bin, muß ich stark sein. Hilf mir, Stärke aufzubauen und zu finden!"

Jeder *Ausdruckswert* hat damit einen *Erzählwert!* Die Hauptaufgabe zur Planung von Projekten besteht darin, diesen Erzählwert zu verstehen.

Aus diesem Grunde müssen ErzieherInnen sich – oftmals verstärkt – mit der Psychologie des Ausdrucksverhaltens auseinandersetzen, um den Erzählwert zu verstehen.

Für die Praxis bedeutet dies, die

Symbolsprache des Verhaltens,
Symbolsprache des Spiels,
Symbolsprache der Bewegung/des Bewegungsverhaltens,
Symbolik der Sprache/des Sprechens,
Symbolsprache des Malens und Zeichnens,
Symbolsprache des Träumens

zu begreifen, um „eine Pädagogik vom Kinde aus" zu realisieren. Alle Ausdrucksformen von Kindern (und Erwachsenen) sind symbolische Äußerungen der Seele, so wie viele Kinder,

- die im Ausdruck ihrer Aggressivität stark gehindert werden, wieder einkoten oder mit Kot schmieren;
- die sehr traurig sind, wieder tagsüber oder nachts einnässen (nicht umsonst wird beim Einnässen vom „Weinen der Seele" gesprochen);
- die das Malen oder Zeichnen verweigern, so sehr unter starken Belastungen stehen, daß sie davor Angst haben, sich auf dem Bild – und damit in ihrer Lebenssituation – wie in einem Spiegel wiederzuerkennen;
- andere Kinder beim Spielen stören, weil es ihnen selber schlecht geht und sie es nicht aushalten, sehen zu müssen, daß andere Kinder fröhlich sind/es ihnen besser geht;
- aus einer seelischen Irritation in ein klonisches/tonisches Stottern verfallen (= Sprechblockaden am Anfang eines Wortes/Satzes bzw. Buchstabenwiederholungen), um damit ihre Zerrissenheit nach außen zu zeigen;
- über Magendruck oder Völlegefühl klagen, weil es Situationen gibt, durch die sie sich überfordert fühlen;
- mit Waffenimitaten in den Kindergarten kommen, weil sie sich in bestimmten Situationen wehrlos fühlen und im Mitbringen von Waffen Stützen finden, sich zur Wehr setzen zu können;
- in bestimmten Anforderungssituationen weinen, weil sie aufgrund fehlender Sicherheit Angst vor erneuten Überforderungen haben;
- keinen Körperkontakt zu bestimmten Erwachsenen suchen, weil sie schon zu häufig von Erwachsenen enttäuscht wurden;
- als erstes bei massiven Konflikten zuschlagen, um selber nicht auf der Verliererstraße zu landen – eine Erinnerung an Situationen in der Vergangenheit, die sie kennen.

Die Bündelung bestimmter Verhaltensweisen, Spielformen, Bewegungsarten, Sprachäußerungen und Sprechweisen, Mal- und Zeichenschwerpunkte sowie Traumbilder ergibt den *Lebensplan* einzelner Kinder mit dem Zweck, sich zu finden, Identität auf- und auszubauen, Sicherheit und Zufriedenheit zu spüren, Handlungsaktivitäten zu zeigen und sich wertzuschätzen/wertgeschätzt zu werden. Dabei zeigen Vergleiche zwischen den Lebensplänen unterschiedlicher Kinder, daß es sehr häufig um gleiche Lebenspläne geht, wie etwa:

- Befreiung aus einer Angst;
- Erlebenwollen von Stolz;
- Befreiung aus Wut und Ärger;

- Erlebenwollen von Ruhe und Entspannung;
- Finden von Sicherheiten;
- Erleben von eigener Stärke;
- Finden von Wertschätzung;
- Erleben von Zuverlässigkeiten;
- Finden von Glück und Zufriedenheit;
- Befreiung aus Drucksituationen;
- Erleben von Macht und „Bewirkermentalität";
- Spürenwollen von „Ich-Kompetenzen".

Lebenspläne gleichen einem Handlungs*muster*, mit dem Ziel, das zu finden, was gesucht wird. *Projektthemen im „Situationsorientierten Ansatz"* sind daher *immer Verhaltensmerkmale (seelische Vorgänge)* und *nie didaktische Einheitsbegriffe* wie etwa „behinderte und nichtbehinderte Kinder", „Streiten und sich Vertragen", „Wir sind alle Kinder in einer Welt", „Schutz der Natur" ...

Wer an dieser Stelle fragt, *wo* denn diese wichtigen Themen bleiben, erhält umgehend eine Antwort:

- „Verkehrserziehung" wird dann berücksichtigt, wenn es im Projekt beim Holen von Materialien um das *sinnverbundene* Überqueren von Straßen geht.
- „Behinderte und nichtbehinderte Kinder" erleben sich dadurch, daß sie *im gemeinsamen Leben und Lernen sinnverbunden* miteinander umgehen.
- „Schutz der Natur" wird dort erlebt, wo beim Anbau eines eigenen Gemüsegartens oder bei Erkundungen in der Natur *sinnverbundene* Bezüge hergestellt werden.
- „Gesunde Ernährung" wird dann berücksichtigt, wenn es beim Frühstück oder bei anderen Essensgelegenheiten *sinnverbundene* Bezüge gibt.

Die in Kindergärten üblichen Themen werden also nicht ausgeschlossen oder vernachlässigt, sondern dann *„nebenbei"* aufgegriffen, wenn es aktuelle Anlässe/Gründe dafür gibt. So können „isolierte Themenblocks", die von Erwachsenen den Kindern aufgesetzt werden, verhindert werden, *weil* es primär um Themen der Kinder und nicht der Erwachsenenwelt geht.

3.2. Der Aufbau von Projekten

„Situationsorientierte" Projekte können am besten in einer Schrittfolge von sieben Punkten aufgebaut und durchgeführt werden.

Der *erste Schritt* besteht darin, daß sich ErzieherInnen mit dem Umfeld der Kinder, ihrer Biographie und ihren Lebensbereichen vertraut machen, um Hintergründe des Kind(er)lebens in Erfahrung zu bringen und sogenannte „harte Daten" zu kennen. Es ist teilweise erschreckend, in der Praxis zu erfahren, wie wenig den ErzieherInnen über das *wirkliche Leben* der Kinder bekannt ist. Dabei geht es um die Geschwisterzahl, die Geschwisterfolge, das Wohnumfeld der Kinder ebenso wie um bedeutsame Erlebnisse des Kindes, mögliche Umzüge, sein Kinderzimmer und Spielmaterial, seine Freundschaften, besuchte „Förderkurse" oder besondere Schwierigkeiten, die Eltern mit dem Kind in der Vergangenheit zu bestehen hatten, um die Existenz/Bedeutung der Großeltern, überstandene Krankheiten oder bestimmte Merkmale des Erziehungsverhaltens der Eltern(teile).

Im *zweiten Schritt* wird für jedes Kind eine Liste angelegt, in die beobachtete Situationen zum Kind eingetragen werden. Das Führen dieser Listen muß nicht jeden Tag vorgenommen werden. Allerdings ist es hilfreich, wenn eine gewisse Regelmäßigkeit eingehalten werden kann.

In manchen Kindergärten hat es sich eingebürgert, daß jede Liste in sechs Felder unterteilt wird, in denen mit Datumsnennung – je nach Ausdrucksform – bestimmte Situationen zum Verhalten (1), Spiel (2), Bewegung (3), Erzählen (4), Malen und Zeichnen (5) sowie vom Träumen (6) festgehalten werden können. Das Aufschreiben von Beobachtungen gibt ErzieherInnen einerseits die Möglichkeit, anhand dieser Beschreibungen sich noch einmal ganz präzise mit der Beobachtung auseinanderzusetzen, andererseits ist es das Ausgangsmaterial für den Aufbau von Projekten. Und schließlich ist einer großen Gefahr des „Vergessens" vorgebeugt, weil im Laufe von Tagesabläufen nicht alles behalten werden kann bzw. in der Wahrnehmung verändert wird.

Der *dritte Schritt* besteht darin, erste Zusammenhänge zwischen den beobachteten Situationen und möglichen Hintergründen zu phantasieren. Dabei geht es *nicht* um „wissenschaftlich richtige" Verknüpfungen, sondern um die Suche nach Vernetzungen zwischen den Ausdrucksformen der Kinder und *möglichen* biographischen Daten.

Im *vierten Schritt* – und das ist häufig der schwerste – suchen sich die ErzieherInnen anhand der Beobachtungslisten zwischen drei und sechs Situationen heraus, die „typisch“ für das Verhalten, Erzählen, Bewegen, Träumen, Spielen sowie das Malen und Zeichnen der einzelnen Kinder sind, um dem *Lebensplan* jedes Kindes nahezukommen.

Dabei sollte es nicht um Vermutungen gehen, sondern mit fachlicher Kompetenz der Zweck der Ausdrucksform verstanden werden. In der Praxis hat sich dabei folgendes Arbeitsblatt besonders gut bewährt:

Name des Kindes:	
Beobachtungen der Ausdrucksformen:	Was drü damit au
I. Verhalten: was tut das Kind genau? (meistens) 1.) 2.) 3.)	
II. Was/wie malt das Kind? 1.) 2.) 3.)	
III. Wie ist sein Bewegungsverhalten des Kindes? 1.) 2.) 3.)	
IV. Was/wie/womit spielt das Kind? (meistens) 1.) 2.) 3.)	
V. Was berichtet/erzählt das Kind? (meistens) 1.) 2.) 3.)	
VI. Gibt es Träume, von denen das Kind erzählt? 1.) 2.) 3.)	
Lebensthema (Zusammenfassung der Schwerpunkte seiner Ausdrucksforme	

Der *fünfte Schritt* besteht nun aus einzelnen Teilschritten:

a) Zunächst werden die Lebensthemen der unterschiedlichen Kinder angeschaut, und es wird versucht, eine *Häufung* von Lebensthemen möglichst vieler Kinder festzustellen. Vielleicht ist es das Thema „Wunsch, auf sich stolz zu sein", „Angst haben", „Überforderung", „Einsamkeit", „Trauer", „Spannungen aushalten müssen" oder „Suche nach dem Glücklichsein", „Ruhe haben wollen" oder „Wut rauslassen". Diese und viele andere Themen kennzeichnen das Leben vieler Kinder.

s Kind	Was ist der besondere Erzählwert?	Was sucht/braucht das Kind?

b) Wurde eine Häufung von bestimmten Begriffen (Lebensthemen der Kinder) gefunden, ist das *mögliche Projektthema* identifiziert.

Dabei geht es *nicht* darum, daß *alle Kinder* sich in dem Projektthema wiederfinden müssen/können – das wäre eine Utopie angesichts einer Gruppe von 22 oder mehr Individuen. Allerdings zeigen sich in der Praxis Erfahrungen, daß meist über die Hälfte oder sogar zwei Drittel aller Kinder ähnliche Lebensthemen haben.

In jedem Fall ist es ein deutliches, kindorientiertes Vorgehen, wenn möglichst viele Kinder die Möglichkeit erhalten, sich in *ihren Lebensthemen angesprochen zu fühlen*.

c) Ist das *mögliche Projektthema* gefunden, werden die Kinder gebeten, sich zusammen mit dem Erwachsenen in einen Kreis zu setzen, wo jeder jeden sehen kann. Weigern sich einzelne Kinder, so werden sie weder mit Überredungen oder „heimlicher Gewalt“ zum Kommen aufgefordert – es wird akzeptiert!

d) Sitzen Kinder und ErzieherIn(nen) im Kreis, beginnt eine Erzieherin, jedem Kind *eine Beispiel* (kurz) zu berichten, das zum Projektthema paßt. Angenommen, das Projektthema hieße „Stolz“, dann hätte sich die Erzieherin im Vorwege darüber Gedanken gemacht, wo *jedes Kind – und sie selbst – in den letzten Tagen/Wochen* stolz gewesen ist. Diese Beispiele werden wiedergegeben:

„Maren, als du letztens die schwere Teekanne auf den Tisch getragen hast und nichts danebenging, hast du die Kanne hingestellt und ein lautes ‚pffff‘ von dir gegeben. Daß du das geschafft hast, darauf warst du mächtig stolz.“

„Jennifer, als Jana dir gestern die Puppe wegnehmen wollte, hast du laut mit ihr geschimpft und gesagt, das solle sie nicht. So hast du deine Puppe wieder zurückbekommen. Darauf warst du stolz.“

„Kevin, vielleicht kannst du dich daran erinnern, daß du letztens den Baum im Garten hochgeklettert bist. Plötzlich ging es für dich nicht mehr vor und nicht zurück. Da hast du alle Kraft und allen Mut zusammengenommen und kamst schließlich ohne fremde Hilfe wieder alleine den Baum herunter. Darauf kannst du stolz sein.“

Um die Aufmerksamkeit der Kinder zu erhöhen, bietet es sich an, jedes Kind zunächst mit seinem Namen anzusprechen, dann folgt kurz das Beispiel und endet *mit dem Projektbegriff!*

Selbstverständlich berichtet auch die Erzieherin von einem eigenen Beispiel.

Es versteht sich von selbst, daß kein Beispiel

- ein Kind bloßstellen darf;
- ein Kind verletzen darf;
- ein Geheimnis preisgibt;
- oder von einem Kind als Verrat angesehen werden muß.

e) Ist die Erzieherin mit ihrer Runde durch, bei der Kinder selbstverständlich Nachfragen stellen können oder Anmerkungen machen dürfen, stellt sie zum Projektthema die entscheidende Frage: In diesem Fall: „Könnt ihr euch an etwas erinnern, auf das ihr schon einmal ganz stolz gewesen seid?"

(Bei dem Thema Angst: „Könnt ihr euch an etwas erinnern, vor dem ihr schon einmal ganz große Angst gehabt habt?" Entsprechende Projektwörter wie „traurig" etc. werden analog dazu eingesetzt.)

Nun können zwei Dinge geschehen:

- Entweder werden ErzieherInnen von Kindern mit großen Augen angeschaut, und es passiert nichts. Das ist ein fast sicherer Beweis dafür, daß das gefundene „Projektthema" offensichtlich falsch war (d.h., die Lebensthemen der Kinder nicht getroffen hat);
- oder Kinder sprudeln mit ihren Erlebnissen und Erfahrungen nur so raus. Sie berichten von Geschehnissen aus der Vergangenheit (!), in denen sie so etwas schon einmal erlebt haben.

f) Diese *Erfahrungen* schreibt sich die Erzieherin auf, weil sie gleichfalls das Basismaterial für das Projekt sind.

(Anmerkung: Sind in der Kindergruppe eher kleinere Kinder, die eine solche Frage nicht verstehen, oder fremdsprachige Kinder, die der deutschen Sprache noch nicht mächtig sind, und stehen zweisprachige Kinder auch nicht für eine Übersetzung zur Verfügung, dann versucht die Erzieherin, Inhalte zu finden, die aus ihrer Sicht den Lebensplänen der Kinder entsprechen könn(t)en.)

g) In dem anschließenden Arbeitsgang ordnet die Erzieherin die Kinderbeispiele:

- Welche Situationen/Vorhaben sind dafür geeignet, daß sie außerhalb des Kindergartens gemacht/umgesetzt werden können?
- Welche Situationen/Vorhaben beziehen sich auf Aktivitäten innerhalb des Kindergartens?
- Welche Lieder, Werktätigkeiten, Spiele können dazu in der Gruppe – sinnverbunden – durchgeführt werden?

- Welche Impulse ergeben sich für die Zusammenarbeit mit den Eltern?
- Mit welchen Einrichtungen außerhalb des Kindergartens kann bei bestimmten Situationen/Vorhaben kooperiert werden?

h) Aus dieser Ordnung ergibt sich nun die Projektdurchführung, wobei die Vorbereitungen *immer mit Kindern* durchgeführt werden.

Im *sechsten Schritt* folgt die Durchführung der einzelnen Vorhaben, die sich aus den Kinderberichten ergeben haben.

In einigen Kindergärten sind dazu neben der Türe zum Gruppenraum die Projektinhalte aufgemalt, wobei an dem aktuellen Inhalt jeweils eine große Klammer/ein großer Pfeil angebracht ist.

Dabei ist allerdings jeder Inhaltsbereich insoweit nicht starr, als aktuelle Themen selbstverständlich ihre Berücksichtigung finden.

Aus diesem Grunde wird im „Situationsorientierten Ansatz" auch von „offener Planung" gesprochen.

Während des Projekts wird auf zwei Dinge Wert gelegt:

- Zum einen schreiben MitarbeiterInnen jede Woche auf das Projektplakat, das an der Gruppentüre hängt und für Eltern sichtbar ist, ein Beispiel des gemeinsamen Erlebens und Lernens auf, um ihre Arbeit *transparent zu machen*. So erfahren Eltern, was ihre Kinder im *emotionalen, kognitiven, motorischen und sozialen Bereich* lernen (erfahren) konnten. Es gibt damit nicht mehr den Wochenplan, sondern einen strukturierten Rückblick!
- Zum anderen führen ErzieherInnen während der Projekte ein *„pädagogisches Tagebuch"* (= Projekttagebuch), in dem täglich besondere Erlebnisse/Ereignisse/Erfahrungen schriftlich festgehalten werden, wichtige Dinge eingeklebt werden können oder Kinder ihre Erlebnisse auch einmalen.

Schließlich folgt im *siebenten Schritt* – nach Beendigung des Projekts – die Auswertung. Dazu werden die Fotos, die während des Projekts gemacht wurden, angeschaut, Tonbandaufnahmen angehört, Videoaufnahmen betrachtet und andere Projekte bewundert.

Ist ein Projekt beendet, kann die Erzieherin natürlich nicht den Kindern mitteilen, daß sie nun wieder drei bis vier Wochen Zeit brauche, um Kinder zu beobachten und ein neues Projekt zu finden. Daher bietet es sich an, *während* der Projektdurchführung (sechster Schritt) den zweiten Schritt (Sammlung von Situationen) im Auge zu behalten.

Projekte sind lebendige, aktive, lustvolle und spannende Erlebnisinhalte, die Kinder und ErzieherInnen gleichermaßen faszinieren.

4. Tagesabläufe in „Situationsorientierten Kindergärten“

Obgleich jeder Tag im Kindergarten seine Besonderheiten besitzt, kann trotz allem eine einfache *Grundstruktur* beobachtet werden: Sind alle Kinder an dem heutigen Tage anwesend, wird zu einer kurzen „Einstiegsrunde“ gebeten. Dabei haben die Kinder die Möglichkeit, von der vergangenen Nacht und vom Aufwachen zu berichten, von ihren Träumen und Erwartungen für den jeweiligen Tag (I. Phase).

Der Hauptteil des Tages besteht nun in der Fortführung des Projekts, bei dem am Vortag angeknüpft wird (II. Phase).

Bevor die Kinder auseinandergehen, wird eine „Abschlußrunde“ einberufen, in der die Kinder wiederum die Möglichkeit haben, sich gegenseitig zu erzählen, was ihnen heute gefallen hat, worüber sie sich geärgert haben, was ganz besonders schön war, ob sie vielleicht bei bestimmten Dingen Angst gespürt haben oder ob sie über etwas Bestimmtes traurig sind. Zusätzlich kann abgesprochen werden, was für den nächsten Tag mitzubringen/zu besorgen ist oder bedacht werden sollte.

Der Tag in einem „Situationsorientierten Kindergarten“ ist damit deutlich strukturiert – in einem Dreierrhythmus, so wie das Leben aus drei Zeitdimensionen besteht (Vergangenheit, Gegenwart, Zukunft) oder die Ganzheitlichkeit des Menschen sich aus drei Bereichen (Denken, Fühlen, Handeln) ergibt.

Morgenkreis und Abschlußkreis: ja – aber mit kindeigenen Akzenten!

Die Frage der Freiwilligkeit sollte immer *mit den Kindern* besprochen werden.

Damit dieser Dreierrhythmus weitestgehend eingehalten werden kann, ist es notwendig, daß mit Eltern klare Bring- und Abholzeiten vereinbart werden – dies im Interesse der Kinder und ihrer Projekte und nicht nach den Wünschen von Eltern. So erleben es Kinder durchaus als störend, wenn das letzte Kind erst gegen 9.45 Uhr gebracht und das erste Kind schon um 11.00 Uhr abgeholt wird. Der Kindergarten dient der Entwicklung der Kinder und hat daher auch im Sinne des eigenständigen Erziehungs-, Bildungs- und Betreuungsauftrages ein

Recht auf klare Arbeitsbedingungen. Das bedeutet selbstverständlich nicht, daß in besonderen Situationen Einzelabsprachen getroffen werden, wenn es für die Entwicklung des Kindes dienlich ist.

Wenn nach diesem Tagesrhythmus vorgegangen wird und Projekte mit Kindern erlebt werden, erübrigen sich bestimmte „Turn- oder Fördertage", weil sie einerseits im Sinne einer ganzheitlichen Entwicklungsbegleitung überflüssig werden/sind, auf der anderen Seite aber auch kein Platz für solche Tage der „teilisolierten Förderung" zur Verfügung stehen.

In manchen Städten und Gemeinden wird den ErzieherInnen viel Mut abverlangt, sich von derartigen „Traditionstagen" zu trennen. Es ist ihre Aufgabe, anhand praktischer Berichte aus den Projekten zu dokumentieren, daß Kinder auch in den Projekten genau das „lernen", was Eltern möglicherweise zu vermissen glauben.

5. Der besondere Stellenwert von Kinderkonferenzen

Im „Situationsorientierten Ansatz“ werden Kinder nicht nur im alltäglichen Geschehen aktiv einbezogen, in ihren Bedürfnissen ernstgenommen und verstanden oder bei der Planung und Durchführung von Projekten von Anfang an beteiligt, sondern auch in besonderen „Gesprächsrunden“ beachtet.

Solche Gesprächsrunden – sogenannte *Kinderkonferenzen* – geben den Kindern *und* Erwachsenen die Möglichkeit, unterschiedlichen Bedürfnissen und Erfordernissen, die sich aus dem Miteinander ergeben, nachzukommen.

Kinder erhalten dabei die Chance,
- von vergangenen Erlebnissen, Erfahrungen und Geschehnissen zu berichten;
- aktuelle Vorkommnisse, Wünsche oder Erlebnisse zu erzählen;
- Hoffnungen und Erwartungen für die nähere Zukunft auszusprechen.

ErzieherInnen können die Kinderkonferenz dafür nutzen,
- eigene Beobachtungen mitzuteilen;
- persönliche Befindlichkeiten – ausgelöst durch Beobachtungen – auszudrücken oder
- Bestandsaufnahmen zurückliegender Ereignisse vorzunehmen.

Kinder und Erwachsene finden dabei in Kinderkonferenzen aber auch den Platz,
- gemeinsam abgesprochene Regeln zu überprüfen;
- einmal aufgestellte Regeln zu verändern und
- neue Absprachen zu treffen.

So kann eine Kinderkonferenz gleichsam als ein „Kinderforum“ angesehen und verstanden werden, bei dem alle Beteiligten ihre Möglichkeiten nutzen können, von allen gehört und verstanden zu werden.

Kinderkonferenzen haben für Kinder und Erwachsene dann einen besonderen Wert, wenn sie *regelmäßig* durchgeführt werden. In der Praxis hat sich gezeigt, daß *einmal* pro Woche ein solches Plenum stattfinden sollte. Manche Kindergärten rufen die Kinderkonferenz zu Anfang der Woche, manche in der Mitte und andere wiederum am Ende einer Woche ein. Für eine Kinderkonferenz am *Ende der Woche* sprechen vor allem folgende Argumente:

- Während der Woche haben sich immer bestimmte Grundsatzfragen (zu Regeln, Absprachen, Vorhaben, Kommunikationsabläufen) ergeben, die vor einem Wochenende von Kindern noch besser nachvollziehbar sind, als wenn ein Wochenende dazwischen liegt, bei dem viele Kinder durch die besonderen Wochenenderfahrungen mit anderen Gefühlen und Gedanken am Montag ihren Kindergartenbesuch wieder aufnehmen;
- Kinderkonferenzen am Wochenende geben Kindern eine besondere Möglichkeit, sich noch einmal gedanklich/sprachlich/emotional zu entlasten und „innerlich aufgeräumt" ins Wochenende zu gehen;
- Kinderkonferenzen zum Ende der Woche schaffen für Kinder eine Basis, neue Absprachen mit Zeit und Ruhe ins Wochenende zu nehmen und sich emotional/gedanklich auf das Neue langsam einzustellen.

Kinderkonferenzen können dreißig oder fünfundvierzig Minuten dauern – eine längere Zeitspanne kann und sollte Kindern nicht zugemutet werden, zumal das Sitzen (auf dem Boden/in der Sitzmulde/im Garten ...) für Kinder (und Erwachsene) recht anstrengend sein kann.

Jeder Kinderkonferenz hat eine Tagesordnung, die sich aus den Punkten ergibt, die die Kinder/die Erzieherin im Laufe der Woche unbedingt ansprechen wollte(n), weil sie *die ganze Gruppe betreffen*. Dabei konnten die Tagesordnungspunkte von den Kindern gemalt und an einem entsprechenden Brett aufgehängt werden, oder die Erzieherin hat diese auf ein „Konferenzblatt" aufgeschrieben. Bei den Konferenzen selbst erhält jedes Kind, das einen Ordnungspunkt ansprechen wollte, die Möglichkeit, dies zu tun, wobei die Rolle der Erzieherin der einer „Moderatorin" gleichkommt. Wie in einem Parlament gibt es Rede und Gegenrede, Abwägungen, neue Gedankenimpulse und offene Überlegungen mit dem Ziel, zu einer Abstimmung zu kommen. Anschließend wird die gültige Absprache auf ein Blatt mit *„Konferenzbeschlüssen"* aufgeschrieben/aufgemalt und im Gruppenraum aufgehängt. Es kann in der Praxis immer wieder beobachtet werden, daß Regeln, die *mit Kindern gefunden und abgesprochen wurden*, eine weitaus größere Bedeutung für Kinder besitzen, als irgendwelche Regeln, „die von oben nach unten" vorgegeben/diktiert wurden. Selbst

Kinder machen sich auf Regelüberschreitungen/Nichtbeachtungen gegenseitig (!) aufmerksam.

In manchen Kindergärten wurde mit Kindern ein kleines Sprachpodest gebaut, wo sich der Redner jeweils aufhält – mit der Absprache, daß für die anderen Anwesenden ein „Gebot zum Zuhören" besteht nach dem Motto, nur „der/-diejenige hat ein Rederecht, der/die auf dem Rednerpodest steht".

Ebenso können Redezeiten begrenzt werden – etwa durch selbstgebaute Sanduhren, die unterschiedliche Sprechlängen (entsprechend dem Durchrieseln des Sandes) zulassen.

Kinderkonferenzen sind – ebenso wie der gesamte „Situationsorientierte Ansatz" – ein Abbild einer lebendigen Demokratie, in der es Entfaltungsmöglichkeiten *und* Regeln, Mitsprache *und* Mitbestimmung, Beteiligungen *und* Mitbestimmung gibt.

Dabei sollte darauf geachtet werden, daß in Kinderkonferenzen von seiten der Erzieherin nicht „vorgefilterte" Tagesordnungspunkte eingegeben werden, die nur eine „Randbedeutung" haben. Kinderkonferenzen sind keine „Spielwiesen einer Pseudo-Demokratie", sondern ein Abbild eines wertschätzenden, offenen und ehrlichen demokratischen Umgangs miteinander. Dabei kann es passieren, daß auch ErzieherInnen mit ihren Bedürfnissen überstimmt werden. Das ist ein normaler Vorgang, in dem sich zeigt, wie Erwachsene Kinder *tatsächlich* mit ihren Meinungen akzeptieren.

Können bestimmte Tagesordnungspunkte nicht geklärt werden, weil es zu keiner Mehrheit kommt, so wird dieser Punkt auf die nächste Kinderkonferenz verschoben oder in einer weiteren Zeitausdehnung beratschlagt.

Für viele Kinder sind solche Kinderkonferenzen etwas Ungewohntes und Neues, so daß sie immer eine gewisse Anlaufzeit benötigen, sich fest in einem „Situationsorientierten" Kindergarten zu etablieren. Da *jede* Gruppe ihre *besonderen* Fragen hat, werden Kinderkonferenzen auch *gruppenintern* durchgeführt. Wünschen *Kinder* ein Gesamtplenum, so können selbstverständlich gruppenübergreifende Plena einberufen werden.

Teil B: Bewegungsbegleitung im Kindergarten (Roswitha Raue)

1. Bewegung und Tanz – Ausdrucksformen kindlicher Erlebniswelten und Lebenspläne

Versonnen und gedankenversunken bin ich auf dem Heimweg. Den Tag noch ausklingen lassend, schlendere ich einen kleinen Parkweg entlang. Zwei Bälle springen plötzlich unmittelbar vor meinen Füßen an mir hoch. Verdutzt schrecke ich zurück und nehme gleichzeitig zwei kichernde Mädchen wahr, die sich höllisch darüber freuen, mich so erschreckt zu haben. Ohne zu sprechen, laufen sie auf die Bälle zu, entfernen sich in Windeseile von mir, um sofort beide Bälle nacheinander auf mich zuzuwerfen. „Fang!" rufen sie mir spitzbübisch zu. Hui, einen habe ich erwischt, der andere kullert an mir vorbei. „Versuch's nochmal!" Die Kinder haben sehr viel Spaß an unserem Spiel.

Ich komme in Fahrt, schaffe es aber wieder nur, einen zu erhaschen. „Komm, du schaffst es!" Die Kinder feuern mich an, haben hochrote Gesichter. Mich hat das Spiel auch vollständig in seinen Bann gezogen – die beiden Bälle nähern sich pfeilschnell. Ich halte die rechte Hand auf und da – „Ich hab' ihn!" – sekundenschneller Gedanke – werfe mich auf den Boden, mit dem linken Arm halte ich stolz den anderen Ball. Puh, ich bin ganz außer Atem und freue mich riesig. Die Mädchen tanzen um mich herum: „Klasse, du hast's geschafft, du hast's geschafft! Das muß ich gleich meiner Oma erzählen und ich meiner Mutti." Schwuppdiwupp sind die Mädchen verschwunden.

Doch noch bevor ich lange überlegen kann, ob sie denn wohl wiederkommen, sehe ich sie schon auf mich zulaufen. „Wir haben nur ganz schnell erzählt, daß du mit uns Ball gespielt hast." Sie kommen nah an mich heran und beäugen meine Hose. „Und wenn die nun dreckig ist?" fragen sie. „Ach", antworte ich, „daran habe ich gar nicht gedacht. Es hat mir soviel Spaß gemacht. Und wenn, dann wasche ich sie wieder." Die Mädchen sind erleichtert.

Wir kommen ins Plaudern. „Was machst du hier?" wollen sie wissen. „Ich will gerade nach Hause gehen, habe einen kleinen Umweg gemacht. Ich hatte noch so viele Gedanken im Kopf über das, was ich heute erlebt habe, daß ich einfach noch ein bißchen spazierengehen wollte. Und ihr?" „Wir spielen hier." Anika, 5 Jahre, und Daniela, 4 Jahre, waren gemeinsam im Kindergarten, sind dann von Anikas

Oma und Danielas Mutti abgeholt worden. Die vier sind, wie ich, noch durch den Park gelaufen, hatten Bälle im Gepäck und nutzen den Heimweg, um sich noch etwas auszutoben.

Oma und Mutti haben auf einer Bank Platz genommen, beobachten die beiden und lachen mir zu. „Paßt mal auf", flüstere ich leise zu den Kindern, greife mir die Bälle und werfe sie den Frauen zu. Sie sind überrascht, reagieren aber schnell, fangen sie auf. Die Kinder jubeln: „Jawoll!" Und plötzlich sind wir alle in Bewegung, Bälle rollen, jagen durch die Luft, fallen auf den Boden, wir mittendrin mit Juchzen, Kreischen, Lachen. „Auus, aus!" rufen die Mädchen erschöpft.

Durchgeschwitzt, zufrieden, entspannt setzen wir uns ins Gras. Selbst die Oma nimmt in unserer Runde Platz, die Bank bleibt leer. Wir sind dem Boden ganz nah. Unser Körper spürt die Wärme und Härte der Erde, nimmt das Kitzeln der Grashalme wahr. Wir spüren unseren Körper, uns, sind bodenständig, doch zuvor oder auch in gleicher Weise haben wir getestet, wie weit unsere Kraft reicht, wieviel wir davon einsetzen können und wollen. Voller Spaß und Freude, mit vielen guten Gefühlen haben wir gemeinsam gespielt und uns bewegt. Das gemeinsame Erlebnis schafft eine gemütliche Atmosphäre, intensiviert, bekräftigt die schon vorhandene Beziehung oder baut eine neue auf, vertieft die Vertrauensbasis. Kontakte entstehen durch Bewegung, Handeln, Tätigsein, Kommunikation, Austesten, Nachspüren, gefühlvolles Bewegtsein und Bewegtwerden.

Bleiben wir doch bei dem Bild der zwei Bälle, die miteinander in Beziehung treten. Sprichwörtlich heißt es: „Ich werfe dir den Ball zu." D.h.: „Ich beobachte dich, versuche herauszufinden, ob du meinen Ball aufgreifen möchtest, und werfe ihn dir dann gezielt zu."

Übertragen auf die Arbeit einer Erzieherin bedeutet dies, daß sie demnach in ihrem Arbeitsalltag ganz intensiv, voller Sensibilität und Aufmerksamkeit damit beschäftigt ist, zu beobachten, wie ein Kind sich bewegt. Sie will aus seiner körperlichen Bewegung herauslesen, was ein Kind innerlich bewegt, wie es dem Kind geht, was es der Erzieherin durch sein Bewegungsverhalten erzählen möchte. Braucht das Kind den gemeinsamen „Ballaustausch"? Möchte es den Arm um die von der Erzieherin liebevoll gesandte Ballkugel legen und aus dieser Umarmung heraus neuen Atem, Kraft nehmen, um im Hier und Jetzt aktiv für eine Zeit sein zu können? Gibt es mir vielleicht seine Kugel, weil es Kraft abgeben möchte an mich?

Der kleine 5jährige Patrick kommt mir in den Sinn. Die geballte

Faust auf mich gerichtet, dazu zischende Geräusche: „Zsch … zsch .., ich geb' dir Kraft von mir, und wenn ich deine mal brauche, rufe ich dich an, ok?“ Ich freue mich sehr über dieses Angebot, macht es doch deutlich, welch' herzliche Beziehung wir miteinander haben. Patrick sammelt durch die Bewegung des Faustschlusses seine Kraft, hält sie fest geballt, seine Kraftpotenzen spürend. Er kann sie verschlossen halten oder auch öffnen, wobei Kraft ausströmt. Aus seiner Hand, durch seine Hand-lung erwächst Kraft und Stärke. Das Kind sammelt sie, nutzt die Hand, um hand-eln zu können, wägt ab, ver-hand-elt, möchte so be-hand-elt werden, das es daraus wiederum erneut Kraft schöpfen kann, um zu handeln. Seine ge-ball-te Faust ist das Symbol einer kleinen runden Kugel, in sich geschlossen, ganzheitlich. Dieses Bild von einer Kugel werde ich immer wieder aufgreifen, um Sinnzusammenhänge einprägsam zu verdeutlichen.

Eine Bewegung zieht die andere nach sich, eröffnet oder erschließt Wege zu sich selbst und auch zu anderen. Nico, 6 Jahre, öffnet einer Frau, die gehbehindert ist, die Tür. Die Frau sagt barsch: „Laß das!“, wendet sich einem älteren Herrn zu mit der Bitte um Hilfe. Nico ist verzweifelt: „Verdammt, mache ich denn alles falsch?“ Seine geballte Faust wird verspannter und schwerer, kaum noch zu steuern. Wütend schlägt er ziellos um sich. Er hat eine kleine „Ladung“ aufgetankter Kraft an die Frau weitergeben wollen, hat sich auf sie zubewegt. Die Frau versperrt abrupt den Weg, stoppt seine Bewegung, sie läßt damit seine Faust härter werden, zum Zuschlagen bereit. Selbstbestimmtes Bewegt-sein des Jungen wurde hier im Keim erstickt. Nico macht die Erfahrung, daß er durch seine Handlungen nichts bewirken kann. Seine ge-ball-te Kraft wird entladen, anders, als er dies gewollt hatte.

Im Mutterleib ist das ungeborene Kind von einer Schutzhülle umgeben. Es bewegt sich in ihr, streckt, dreht sich, nimmt sich und die Bewegungen der Mutter wahr. Es ertastet die Nabelschnur, greift danach, zieht an ihr, spürt sich dabei, immer im Zusammenhang mit den Wahrnehmungen um es herum, Geräusche, sich selbst wieder ins Gleichgewicht bringend. Es macht durch eigene Bewegungen der Mutter und auch den anderen der Außenwelt klar: „Seht her, diese kleine, runde, dicke, feste Beule, herausragend am Leib meiner Mama – das bin *ich!* Wieso willst du, liebe Mama, schlafen? Ich bin ganz munter, will mich bewegen und dir und allen, die mich mögen, zeigen durch diese kleine, knuddelige Kugel, daß *ich* da bin, daß es *mich* gibt, daß ich mich freue, gesehen und gespürt zu werden. Freut ihr euch auch darauf, mich bald in eure Arme zu schließen? Wenn ja, dann gebt mir ein Zeichen!"

Kinder geben uns viele Zeichen und setzen Signale. Sie hüpfen vor Freude, stampfen wütend auf den Boden, ziehen sich ängstlich oder traurig zurück. Sie bringen Gefühle durch Bewegung zum Ausdruck, „situationsorientiert", d. h., so, wie es ihnen jetzt im Augenblick geht. Anika und Daniela, die beiden ballspielenden Mädchen, zeigen deutlich, daß sie fröhlich sind und ihr Leben genießen. Sie fühlen sich wohl und möchten auch gern die Erwachsenen an ihrer Freude teilhaben lassen. Die zwei sind noch auf der Suche nach festem Boden unter den Füßen, brauchen die Begleitung von Menschen, deren achtungsvolle und Geborgenheit ausstrahlende Beziehung, um ihre Lebenspläne erzählen zu können – durch Bewegung, Tanz und Spiel. Doch, um von sich, seinen inneren Bildern, „Lebensbausteinen" erzählen zu können, dazu bedarf es einer Atmosphäre, die frei ist von jeglicher moralisierenden Bewertung, die einfach zuläßt und erlaubt, daß Kinder sich so bewegen, wie sie wirklich sind, daß sie sich offenbaren. Sie schenken uns damit ein hohes Maß an Vertrauen, das wir nicht enttäuschen dürfen; die Konsequenzen wären dramatisch!

Lust- und freudvolles Experimentieren mit Bewegung macht Kindern (und auch Erwachsenen) Spaß, bringt Selbstvertrauen, festigt oder korrigiert das selbstgeschaffene Körperselbstbild und erweitert das Spektrum an Bewegungsmöglichkeiten. Wichtig ist es, Kindern zu erlauben, mit Bewegung zu experimentieren und dabei, als BegleiterInnen der Kinder, auch eigenen Bewegungsmustern nachzuspüren, neue hinzuzufügen durch eigene Bewegungsvielfalt. So entdecken wir an uns ebenfalls wieder Neues, nehmen wahr, daß wir uns auch noch verändern können, wenn wir das wollen.

Und genau an dieser Erkenntnis sollten Kinder teilhaben dürfen. Kinder müssen spüren, daß ihre erwachsenen Mitmenschen nicht perfekt gestylte MaskenträgerInnen sind. Insbesondere ErzieherInnen müssen mit Kindern in Beziehung treten, als Menschen, die sich noch als veränderbar zeigen. Kinder haben ein Recht darauf, als selbstbestimmte Bewirker im täglichen pädagogischen Alltag auf-treten zu dürfen, d. h. nichts anderes, als auch be-stimm-end, mit eigener Stimme und Meinung, ErzieherInnen zu zeigen, welche Gefühle sie haben. Sie werden in gleicher Weise den ErzieherInnen gestatten, daß diese ihre Gefühle zum Ausdruck bringen dürfen. Im Dialog – mit und ohne Worte – gestaltet sich Beziehung so herzlich, wie beide Partner, große und kleine, sich als Individualitäten begreifen dürfen, mit Rechten und den sich daraus in gemeinsamer Absprache ergebenden Pflichten.

Kinder und ErzieherInnen bewegen sich dann nicht gehemmt, auch nicht hemmungslos, sondern frei von Hemmungen und voller Neugier, um auszuprobieren, auf Entdeckungsreise zu gehen, innere Landkarten aufzuspüren, zu verweilen und Spuren zu lesen. Von dieser Erkundungstour nehmen die Jungen und Mädchen neue Erkenntnisse mit, die sie uns erzählen wollen, wiederum durch neuartige, neuentdeckte Bewegungen. Auf ihrer eigenen bisherigen Reise haben sie bereits so vieles kennengelernt, auch viele schmerzliche Erlebnisse aus der Vergangenheit erfahren. Sie sind verwirrt, müssen ordnen, zusammenfügen. Dazu ist es notwendig, daß sie WeggefährtInnen haben, die sensibel an ihrer Seite bereitstehen, Impulse wahrnehmen, aufgreifen, um Kindern Verarbeitungsmöglichkeiten für vergangene Erfahrungen, Erlebnisse, Eindrücke zu bieten.

Beim Abholen des kleinen 3jährigen Frank vom Kindergarten muß die Mutter täglich hören, wie auffällig sich ihr Sohn bewegt hat. Die ErzieherInnen meinen, daß er ohne Anlaß wild um sich schlage, Spielzeug zerstöre und auf andere Kinder einschlage. Die Mutter ist verzweifelt, redet mit Frank, warum er sich denn so verhalte. Doch Frank ändert sein Verhalten nicht, im Gegenteil, er wird zunehmend aggressiver, wie die Erzieherinnen feststellen müssen. Eine junge Praktikantin beobachtet den Jungen schon lange, Blicke berühren sich. Eines Tages nimmt Frank ihre Hand und zieht sie zu einem lustigen bunten Kaspertheater in der Ecke des Raumes. In einer großen Kiste verborgen, kommt plötzlich der Kasper zum Vorschein: „Seid ihr alle da?" Aber der Kasper wird schnell vom Teufel verdrängt, der gerade Mama und Papa, Oma und Opa frißt und dazu noch Kaffee trinkt. Alle sind böse. „Ich auch", sagt Frank und setzt sich eine Maske auf. Wütend schleudert er alle Puppen durch die Luft. Plötzlich hält er inne, der Aller-Allerböseste erscheint auf der Bühne. Das kleine Kasperkind kann ihn besiegen, der Vater ist plötzlich auch anwesend. Endlich kann es dem Vater zeigen, welche Muskeln es hat.

– Szenenwechsel –

Frank bittet die Praktikantin, hinter der Bühne für ihn zu spielen. Er nimmt zwei kuschelige Kissen, macht es sich vor der Aufführung gemütlich, ist ganz aufmerksam und innerlich beteiligt. Der Kasper erscheint: „Ich träume nachts immer soviel, dann kann ich nicht schlafen." Frank sieht ihn an, bewegt im Rhythmus des Sprechens, als Betonung seiner Aussage, abwechselnd die Arme. „Ich träume auch immer soviel – von Hexen, Räubern."

„Hm", der Kasper ist beruhigt, daß Frank dieselben Erfahrungen wie er macht. Plötzlich – Franks Stimme wird lauter: „Paß auf, gleich kommt der Böse. Versteck' dich, ich helfe dir!"

„Oh", der Kasper ist beunruhigt, „danke, mach's gut, ich denk' an dich!" Frank reicht dem Kasper liebevoll die Hand. Der Böse erscheint auf der Bühne. Frank springt mit spannungsgeladenem Gesichtsausdruck auf ihn zu, schlägt auf ihn ein. Der Kasper läßt sich wieder blicken. Blitzschnell verändert Frank seine Haltung, setzt sich ruhig und gelassen auf sein Kissen und hört aufmerksam dem Kasper zu, der ganz deutlich seine Bewunderung für Franks Mut und Stärke beim Kampf gegen den Bösen zum Ausdruck bringt: „Och, Frank, ich hab's gesehen, was bist du doch für ein mutiger Junge, du hast den Bösen besiegt."

Und Frank fragt nochmals bekräftigend, betont und voll dem Kasper zugewandt zurück: „Hast du das wirklich gesehen?" – Pause – „Geh' lieber weg, gleich kommt nochmal der Böse." Und wiederum schlägt Frank auf den Bösen ein, wünscht sich jetzt, daß König und Königin zu ihm kommen.

„Habt ihr das gesehen? – Guckt mal, meine Muskeln!" Er macht den Arm frei und verweist auf sein kleines Muskelpaket. „Bist du stark, was bist du nur für ein Junge!" Frank steht auf, gibt dem König (Symbol für den Vater) und der Königin (Symbol für die Mutter) einen Kuß und sagt: „Ich hab' euch lieb." Er holt ein kleines Spielzeughäuschen und erklärt dem Königspaar, daß er das Haus für alle besorgt habe und es beschützen möchte. Eine Ritterfigur wird hochgehalten. „Wer bist du?" – „Ich bin Frank, der Starke!"

Frank zeigt sich den ErzieherInnen durch aggressive Verhaltensweisen. Er will ihnen damit ein Zeichen geben, daß er Erlebnisse, Eindrücke aus der Vergangenheit nicht versteht und dringend Verarbeitungshilfe benötigt.

Aggressivität = Aus-druck unverarbeiteter
Ein-drücke aus der Vergangenheit

↓

= Signal/Zeichen an die Umwelt,
die ErzieherInnen, Eltern

↓

STOP!

„Verweilt bitte bei mir!"
„Nehmt mich wahr in meiner Not!"
„Ich verstehe vieles nicht!"
„Ich brauche *dringend* Hilfe!"

Die ErzieherInnen sind aber der Meinung, daß Frank „ohne Anlaß", wie sie sagen, in dieser Weise reagiere. Frank bemerkt, daß die ErzieherInnen ihn nicht verstehen. Er braucht aber so dringend ihre Hilfe. Also verstärkt er sein aggressives Verhalten. „Nun begreift doch endlich!" ruft er innerlich. Seinen inneren Aufschrei setzt er in Bewegungssprache um als Schrei nach außen, in aggressives Verhalten. Doch die ErzieherInnen sind selbst hilflos, verstehen ihn nicht.

Frank spürt, daß die Praktikantin ihn in seiner Not zu verstehen sucht. Er wagt es, der jungen Frau seine innere Welt im Spiel, durch Bewegung zu offenbaren. Der so stark wirkende Frank hat Angst, er träumt von Hexen und Räubern und ist auf der Suche, seine Angst zu bekämpfen. Mutig setzt er sich für andere ein, beschützt sie, ist der Held des Tages, seine Muskeln erscheinen immer größer werdend. Und – er wird von den anderen gesehen – vom Kasper, vom König, der Königin, von Papa und Mama – in seiner Größe und Stärke, nicht als der kleine Junge, der noch viel lernen muß.

„Ich bin stark!" – eine ganz wichtige Selbsterkenntnis, auf die ich noch später eingehen werde, insbesondere, wenn es um „Schulvorbereitung" geht. Frank baut sich sein eigenes Haus, und indem er es Schritt für Schritt selbst baut, wird er immer sicherer und weiß, wer er ist, kann deshalb andere auch gut beschützen. Eine wichtige und bedeutungsvolle entwicklungspädagogische Aussage wird hiermit bestätigt. Wenn das Kind zu *sich* gefunden hat, *dann* kann es sich auf *andere* einlassen.

Folgendes Schema läßt sich daraus entwickeln:

1. Am Anfang steht die Individualentwicklung
Aufstellen von „Lebensbausteinen" im eigenen Entwicklungskreislauf:

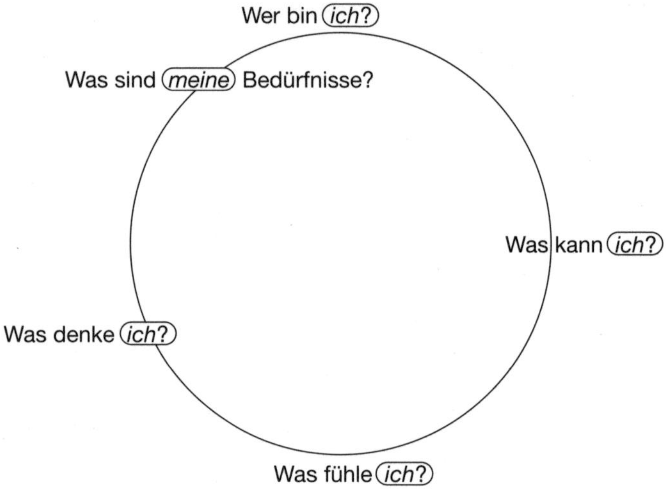

2. Danach – als Folge der Individualentwicklung – ergibt sich die Sozialentwicklung
„Ich habe mich erkannt,
erkannt, wer *ich* bin.
Ich habe einen Wert für mich und auch andere.
Andere haben für mich auch Wert.
Es ist mir wichtig, daß es ihnen gut geht."

In dem Maße, in dem Frank die Möglichkeit hatte, durch sein Spiel, seine Bewegungen, verstanden zu werden, beachtet zu werden in seinem Unverständnis seiner Lebensereignisse (Mama und Papa, die er beide so lieb hat, wollen nicht mehr zusammenleben), hatte er es nicht mehr nötig, durch aggressive Hilferufe auf sich und seine innere unverstandene Welt aufmerksam zu machen. Er veränderte seine Bewegungen, sein Verhalten nicht, indem ihm *gesagt* wurde, daß er sich nicht so verhalten solle. *Nein!* Sondern, indem er sich von Ängsten, Konflikten, situationsorientiert frei-*bewegen* durfte, veränderte er sich, durch die gelebte Beziehung zu der jungen Praktikantin.

Aggressives Verhalten ist *Aus-druck* von Unsicherheit und Angst *(Ursache).*

Aggressivität als gegenwärtige Ausdrucksform eines angstbesetzten Lebensplanes

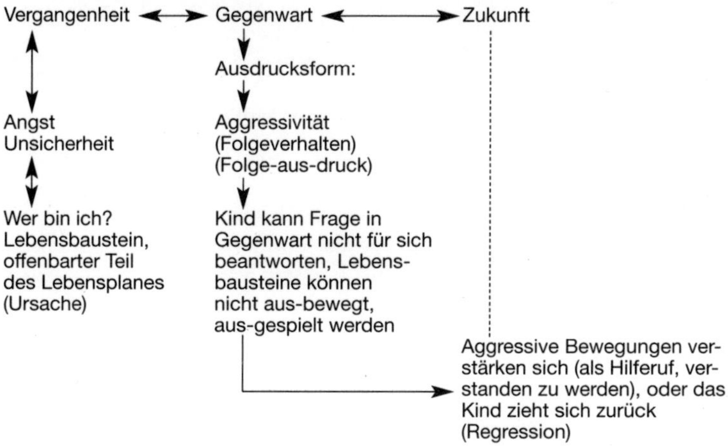

Sicherheit als Ergebnis eines gefundenen Lebensplanes

Kinder zeigen uns durch ihre Bewegungen ihre Lebenspläne. Das Verständnis ihrer Lebenspläne ist Voraussetzung, um mit Kindern kindorientiert leben zu können.

> Lebensplan = individuelles Verhaltensmuster, das sich ergibt aus erlebten/erspürten lebensnotwendigen Bedürfnissen und der Suche nach deren Befriedigung im weiteren Leben.

Beispiel eines Lebensplanes: Finden von Wertschätzung.

Ein Kind spürt, daß es nur Wert für Mama und Papa hat, wenn es sich so verhält, wie sie es wollen, wenn es so spielt, sich so bewegt, so lernt, eben nach den Erwartungshaltungen der Eltern ausgerichtet ist. Es spürt und erlebt gleichzeitig, daß es als rundherum „ganzer“ Mensch nicht wertgeschätzt ist. Sein Lebensplan, sein Verhaltensmuster, führt dazu, daß es sich selbst und anderen ständig beweisen muß „Schaut her, das bin ich, das kann ich!“ Auf diese Feststellung ist sein Handeln wie ein „roter Faden“ programmiert.

Erlebt ein Kind durch situationsorientierte Projektarbeit (S. 69 ff), gemeinsam erstellte Tänze, daß es sich mit seinen Stärken und Schwächen einbringen kann, daß es geachtet, respektiert und wertgeschätzt wird in seinem Handeln und Sein, dann findet das Kind dabei seinen eigenen Wert. Erlebter Selbstwert führt automatisch zu veränderter, neuartiger Handlungsvielfalt (vgl. Krenz, Armin: Seht doch, was ich alles kann. Freiburg, 1993).

Das Kind ist nicht mehr „programmiert“, sondern erlebt sich in seiner gesamten Vielschichtigkeit und Wahrnehmungsoffenheit. Der kleine Mitmensch hat optimale Voraussetzungen, sich gut zu entwickeln und ist auf die Zukunft vorbereitet.

> Entschlüsseln von Lebensplänen (s. Beobachtungsschema S. 82)

⇓

> Projektarbeit/Tanzprojekte

⇓

> Kind entwickelt eigene Stärken, Fähigkeiten, Handlungsvielfalt als Voraussetzung, um Lebensprozesse in der Zukunft kompetent und verantwortungsbewußt gestalten zu können.

Wenn ErzieherInnen die Situation des Kindes aufgreifen, d. h. dessen unmittelbar erlebte innere Welt wahrnehmen, dann hat das Kind die Möglichkeit, sich optimal, seinen Bedürfnissen entsprechend, entwickeln zu können.

Bedürfnisse sind keine aktuellen Wünsche der Kinder, sondern *innere lebens-bedürftige Gefühlseigenschaften wie:*

- Respekt und Achtung;
- Wärme;
- Geborgenheit;
- Zärtlichkeit;
- Wert-schätzung.

Jedes Kind, wie jeder Erwachsener, hat ein inneres Bedürfnis, Wärme, Geborgenheit, Zärtlichkeit zu spüren, ein Bedürfnis nach respektvollem und wertgeschätztem Miteinander. Es muß fühlen, daß es ge- und be-achtet wird und einen Wert hat in dieser Welt. Diese Grundbedürfnisse (von der Seele bestimmt) müssen von ErzieherInnen, Eltern an-er-kannt und im täglichen Miteinander be-lebt werden. Das Kind braucht lebens-not-wendig, daß es diese Gefühlseigenschaften täglich ausbilden kann als Voraussetzung für kindgerechte Entwicklungsprozesse. Aufgrund dieser außerordentlich entwicklungsförderlichen Erkenntnis wurden Grundbedürfnisse gesetzlich in der UNO-Konvention über Menschenrechte verankert als *Rechte* der Kinder.

Jedes Kind hat ein *Recht* auf:

- Respekt und Achtung;
- Wärme;
- Geborgenheit;
- Zärtlichkeit;
- Wert-schätzung.

ErzieherInnen, die im täglichen Leben mit Kindern die Rechte von Kindern anerkennen und *konsequent* vertreten, d. h. die sich mit Kindern in gegenseitiger Partnerschaft bewegen, helfen Kindern dabei, emotionale Sicherheit zu gewinne, indem sie Erlebtes ausleben können. ErzieherInnen werden so zu situationsorientierten (den Grundbedürfnissen des Kindes entsprechend bei Beachtung seines Lebensplanes) Entwicklungs- und BewegungsbegleiterInnen.

Franks Lebenswelt ist gekennzeichnet durch die bevorstehende Scheidung der Eltern. Der Vater hat ihn nie als vollwertigen Menschen anerkannt (Franks Recht auf Wertschätzung, Respekt und Achtung wurde verletzt). Immer war er der kleine Frank, der noch unfertig war und geformt werden mußte.

„Das Kind wird nicht erst ein Mensch, es ist schon einer." *(Janusz Korczak)*

Frank hat seinen Vater lieb, versteht nicht, warum Papa so denkt, spürt, daß er Beachtung braucht (Grundbedürfnis nach Respekt und Achtung). Und er ist auf dem Weg, seinen Lebensplan zu „schreiben", innerlich zu fixieren („Wer bin *ich*?"). Doch für das fertige, selbstzuerbauende Haus fehlen noch wichtige Lebensbausteine: „Was sind meine Bedürfnisse? Was kann ich? Was denke ich? Was fühle ich? Wer bin ich überhaupt?" [= Lebensplan] „Eigentlich habe ich noch ganz schön Angst, aber ich will doch stark sein. Ich muß auf die Suche gehen, meine eigene Stärke finden. Dann kann ich auch mein Haus bauen und meine Steine selbst daran setzen. Doch dazu brauche ich noch dringend Hilfe. Also dann – hey, schaut auf *mich! Ich* bin hier!" – Gedanken, die Frank bewegen.

Wesentlich und notwendig ist es, den Zusammenhang zu erkennen, daß Bewegungsverhalten sich aus der unmittelbaren oder auch ferneren Vergangenheit ergibt und auf Lebenspläne schließen läßt. Nur so kann man Kindern helfen, Lebenswege selbstbestimmt beschreiten zu können.

Lebenspläne sind die Schlüssel zur Seele unserer Kinder. Ich bin jedes Mal berührt und betroffen, wenn Kinder mir erlauben, in ihre eigene innere Welt schauen zu dürfen, ohne als Eindringling zu erscheinen, sondern als eingeladener Gast, sie zu bestaunen, zu bewundern, mit ihnen zu weinen und zu lachen, ganz einfach mit ihnen leben, indem ich mich auf ihre Situation orientieren darf.

Der 6jährige Martin baut allein, ganz intensiv in der Spielecke, die Zunge leicht herausgestreckt, was auf Konzentration schließen läßt. Ein Mädchen gesellt sich zu ihm: „Was baust du da?" will sie wissen. Martin fühlt sich gestört und knirscht unwirsch: „Eine Klärgrube."

„Sieht aber aus wie ein Schwimmbad", entgegnet das Mädchen. „Nein", entgegnet Martin, „es ist eine Klärgrube."

„Also, ich weiß nicht, es sieht wirklich aus wie ein Schwimmbad." Martin will das Gespräch beenden und meint, das Gesicht der Kleinen zugewandt: „Na gut, der Klügere gibt nach“, und triumphierend zu mir gerichtet: „Und es ist doch eine Klärgrube.“ Martin beginnt plötzlich ein Gespräch: „Weißt du, mein Opa hat gesagt, lügen kann man schon ’mal. Ich denke, es gibt große, kleine und Mittellügen. Meine Mutti lügt nämlich auch manchmal. Gestern hatte sie versprochen, daß ich nach dem Kindergarten zu meinem Opa darf. Dann hat sie aber gesagt: ‚Nein, heute nicht, wir müssen noch zum Arzt mit dir.‘ Ich denke, das ist eine Mittellüge.“

Kinder reflektieren die Welt um sich herum ganz genau, versuchen, sie zu erfahren und zu ergründen, wollen ihren Standpunkt behaupten. „Und es ist doch eine Klärgrube!“ Sie finden für sich Begriffe, die sie erst be-greifen müssen. Dieses Be-greifen erfolgt über vielfältigste Wahrnehmungser-kenntnisse, durch Aufnehmen neuer Reize, durch die Begierde, Neues zu erfahren, durch Erforschen von Ursachen für Verhaltensweisen von Erwachsenen. „Mutti hatte mir versprochen, daß ich zum Opa darf. Nun ist aber etwas dazwischengekommen – hm, einerseits hat sie ja gelogen, ich darf ja nicht zum Opa gehen. Darüber bin ich auch traurig. Aber ich weiß auch selbst, daß meine Halsschmerzen immer schlimmer werden. Naja, dann muß ich ’mal lieber zum Arzt. Hm, also ist es keine große Lüge, bloß eine Mittellüge.“

Die Welt der Erwachsenen erscheint für Kinder häufig schwer durchschaubar. Vielfach spielen Männer und Frauen in ihrer Umgebung eine Rolle, selbst Mutti und Vati, teilweise aus dem Wunsch heraus, Kindern eine „heile Welt“ vorzuspielen.

Kinder sind wahrnehmungsoffen, haben Ängste, die ausgedrückt werden müssen. Wenn Eltern ihre eigene Unsicherheit und Angst vor Kindern verbergen wollen, bekommen Kinder Beklemmungen, glauben, daß es nicht erwünscht und normal ist, Angst zu haben. Sie versuchen, allein damit fertig zu werden. Die Folge ist, daß sie nachts schlecht schlafen, weil sie von unverarbeiteten Erlebnissen träumen.

Kinder haben Angst vor:

- dem Aussterben der Tiere;
- Luftverschmutzung;
- einem Schicksalsschlag in der Familie;
- einer Kriegsverwicklung Deutschlands;
- Müllbergen;
- einem Unfall im Straßenverkehr;

- Gewalt in der Schule;
- Bedrohung/Erpressung durch ältere Kinder;
- schwerer Erkrankung;
- der Scheidung der Eltern;
- Arbeitslosigkeit und Geldnot;
- Gewalt durch Eltern;
- Gewalt durch andere Kinder;
- Fahrradklau;
- schlechten Noten in der Schule.*

Auch der kleine Martin plagt sich mit Ängsten und Zweifeln herum. „Papa nimmt mich nicht in den Arm, hat er mich überhaupt lieb? Die Mama schimpft oft mit mir, aber mit meinem kleinen Bruder nicht. Bestimmt hat sie ihn mehr lieb. Aber, ich weiß auch, daß die Mama oft Angst hat, wenn Papa 'mal abends zur Arbeit muß. Oma sagt nämlich immer, daß ich ja dann die Mama beschützen muß. Das will ich ja auch. Dabei träume ich nachts immer von Gespenstern. Mama und Papa meinen aber, daß es keine Gespenster gibt. *Ich* sehe sie aber. Ich will doch stark sein, aber ich habe ja auch Angst!"

Martin bewegt sich vor einem großen Spiegel, er schneidet Grimassen. Sein Gesicht verändert sich dabei. Martin ist auf der Suche nach sich selbst, nach seinem wahren Gesicht. Dazu braucht er Hilfe, vor allem auch Verständnis. Die Mutter sagt, daß er doch ein großer Junge wäre und nicht solche Faxen machen sollte. Der Vater ist der Meinung, daß Jungen keine Zärtlichkeit bräuchten, sie sollten schließlich 'mal „richtige" Jungen und Männer werden.

Martin verhält sich zunehmend zurückgezogener. Am liebsten spielt er allein oder beobachtet die Kinder beim ausgelassenen Spiel. Eine Erzieherin nimmt behutsam die Signale des Jungen auf. Sie weiß, daß Kinder, die beobachten, ganz aufmerksam sind und deutlich machen wollen, daß sie das Spiel der anderen interessiert, sie sich aber noch nicht trauen, daran teilzunehmen. Die Erzieherin beobachtet Martin sehr sensibel. Er versucht, einen Ball auf den Boden zu schlagen – immer und immer wieder –, es gelingt meist nur einmal, dann rollert der Ball schnell weg.

Martin schaut zur Erzieherin. „Soll ich 'mal zählen, wieviel du schaffst?" fragt sie. Martin zögert, nickt. „Also, dann ... eins, wieder eins .., nochmal eins ..." Die Stimme der Erzieherin geht im Rhythmus

* Quelle: R+V Infocenter für Sicherheit und Vorsorge/IJF, in: Weltbild, Heft 9, 1995, S. 41.

des Ballschlagens mit. Martin ist eifrig dabei. „*Und* … zwei – jawoll – klasse!" Die Erzieherin klatscht vor Begeisterung. Martin schafft immer mehr Ballaufschläge – drei, vier, fünf, sechs. „Puh, ganz schön viel, stimmt's!?" Leuchtende Augen-Blicke berühren die Erzieherin. „Ja, toll, und du hast gedacht, du schaffst es nicht, stimmts?"

„Ja!" Martin strahlt glücklich.

Martin hat sich nicht zugetraut, mit dem Ball zu spielen. Durch seine Beobachtung der sich bewegenden Kinder sind Kräfte in ihm mobilisiert worden, die ihn bestärkt haben, es auch zu versuchen. Dazu war es notwendig, daß er eine ungestörte Ecke, Nische hatte, um sich allein ausprobieren zu können, um eventuelle Mißerfolge nicht den anderen zeigen zu müssen. Er ist verunsichert, ängstlich und hat wenig Selbstvertrauen. Wichtig ist, daß er die Möglichkeit erhält, seine Stärken herauszufinden. Zu Hause soll er sich immer als der starke Junge zeigen. Der Kindergarten wird nun für ihn ein Ort, an dem er seine Potenzen entfalten kann, je nach seinen individuellen Möglichkeiten und seiner individuellen Befindlichkeit.

Regression als Folge eines Unverstanden-Seins

Unsicherheit
↓
(keine sensible Begleitung)
↓
Rückzug

Sicherheit als Folge einer kind-orientierten Begleitung

Unsicherheit
↓
sensible, situationsorientierte Begleitung
↓
Möglichkeit zum Austesten der Grenzen und individuellen Kräfte
↓
Freude, Spaß, Erfolgserlebnis
↓
Sicherheit
↓
Emotionale Stabilität als Fundament individueller lebenswerter Lebensgestaltung

Unsicherheit führt zu Aggression oder Rückzug (Regression), wie bei Martin. Dringend notwendig ist es, Martins Unsicherheit abbauen zu helfen in der Weise, wie er Impulse setzt, die die Erzieherin aufgreifen kann. Indem ein Kind mehr Zutrauen zu seiner eigenen Bewegungsfertigkeit bekommt, damit zu seinen eigenen Kräften, baut es allmählich seine innere Unsicherheit ab. „Schau her, ich kann doch mehrmals mit dem Ball aufschlagen. Ich dachte, ich schaffe es nicht. Ich schaffe es doch!" Das Ballaufschlagen verlangt die Koordination von Auge und Hand, Muskelkraft und Muskeleinsatz, Schnelligkeit, Reaktionsvermögen. Das Kind spürt dabei seinen eigenen Einsatz und den damit verbundenen Erfolg. Aus dem Sich-Bewegen, dem Handeln hat das Kind positive Gefühle, die wiederum bewirken, daß es weiter handeln möchte. Dabei entfaltet es immer mehr seine Bewegungsmöglichkeiten (Bewegungsrepertoire). Vielfältige Bewegungsmöglichkeiten machen sicherer, auch bei der Nutzung von Bewegung als Ausdruck innerer Befindlichkeit. Der Erzählwert, wie es dem Kind geht, welchen Lebensplan es hat, kann deutlicher aus-bewegt werden. Das Kind hat damit verstärkt die Chance, auch verstanden zu werden.

Sicherheit als wesentliche emotionale Kompetenz durch ausreichend Bewegung/Tanz/Spiel

Bewegung, Tanz, Spiel
↓
Freude, Spaß, inneres Beteiligtsein
↓
Ausprobieren, Neues entdecken
Neugierde (Voraussetzung für Intelligenz)
↓
Erweiterung individueller Bewegungs-, Tanz-, Spielmöglichkeiten
(Bewegungsrepertoire)
↓
Sicherheit

Sicherheit ist die Grundvoraussetzung für Kinder, damit sie sich gut entwickeln können. Aus einer Sicherheit heraus, einer emotionalen Stabilität/Basis können Kinder bewußter handlungsaktiv werden, sich bewegen, entspannter Entscheidungen treffen, sich in dieser oder jener Weise zu bewegen. Sie sind besser in der Lage, ihre Lebenspläne zum Ausdruck zu bringen und sich damit anderen verständlich zu machen.

Der kleine Martin bewegt sich vor dem Spiegel, verunsichert kichernd, den Kopf einziehend. Der Körper fällt in sich ein. Beim Ballspiel versucht er zunächst, aus einer körpernahen Position heraus, nicht zuviel von sich preisgeben wollend, den Ball springen zu lassen. Das gelingt nur ein einziges Mal. Um mehr Aufschläge zu schaffen, muß er seinen festen Standpunkt aufgeben, er spürt es. Das ist aber nicht so einfach. Martin sucht Hilfe, die er in der Erzieherin findet. Aus einer partnerschaftlich, sensiblen und liebevollen Atmosphäre heraus traut er sich, langsam seinen Stand-punkt zu variieren. Er steht nicht mehr ganz fest und kerzengerade, sondern öffnet die Beine leicht nach außen, die Arme, erweitert seinen Handlungsspielraum und bemerkt, daß der Ball sich leichter aufschlagen läßt. Er hat es geschafft, durch Veränderung seiner Körperhaltung und seinen Mut, die Arme zu weiten. Geöffnete Arme machen den einzelnen/die einzelne verletzbarer. Die vor dem Körper verschränkten Arme verdecken eigene „Angriffsflächen".

Die Erzieherin wird für Martin zur Begleiterin seiner nächsten Entwicklungsetappe, die er aber selbst eingeleitet hat und auch selbst beschreitet. Martin hat aber einen Impuls gesetzt, der sensibel von der Erzieherin, besonders auch sprachlich, begleitet wird. Martins Mut und Anstrengungsbereitschaft verdeutlicht sie (moduliert) durch ihre Stimme. Martin spürt, daß sie ihn versteht (in seinem Lebensplan), daß er gerade für sich die Lebensbausteinfrage „Was kann ich?" beantworten möchte.

Dieses „situationsorientierte" Ballspielbegleiten von Martin ist höchst wichtig für Martins weiteres mutiges Austesten seiner Fähigkeiten und Stärken. Hätte Martin erfahren, daß seine Leistung nicht verstanden wird, hätte dies für ihn schlimme psychische Folgen. Er würde für eine lange Zeit nicht wieder versuchen, seinen Körper auszutesten. Damit wären ihm wichtige und bedeutende Erfahrungen enthalten worden. Niemals sollte in einer solchen Situation ein Kind mit anderen verglichen werden. Immer und gerade bei körperlichen Aktivitäten geht es um die individuelle Leistung und Anstrengungsbereitschaft des einzelnen Kindes.

„Das ist mein Körper! Mein Körper bin ich! Welche Leistungsfähigkeit hat mein Körper und habe ich damit?"

Fragen, die für jedes Kind individuell zu beantworten sind und nicht im Vergleich zu anderen, angelegt an einer imaginären Normmeßlatte. Wer mag sich anmaßen zu entscheiden, wieviel und wann ein

Kind Ballaufschläge zu verrichten hat? Denken wir daran, daß jede(r) von uns jemand Unverwechselbares sein möchte. Gestehen wir dies auch unseren Kindern zu. Besonders, wenn es um den eigenen Körper geht und damit verbundene innere und äußere Bewegungen, ist Sensibilität in höchstem Maße angezeigt! Bemerkungen, Normvorgaben durch ständiges Vorturnen lassen Normbilder entstehen. Bezogen auf den kindlichen Körper wird demnach „Unzulänglichkeit" wahrgenommen. Die Kinder sind dann nicht mehr auf der Suche nach ihren Potenzen, sondern wollen sich ständig in den Facetten anderer verwirklichen.

„Viele Menschen opfern ihr Leben, um ein Bild dessen, was sie sein sollen, zu verwirklichen – anstatt sich selbst zu verwirklichen."*

Dies wiederum hat zur Folge, daß das Körperselbstbild nicht aufgebaut, sondern ein Idealbild verfolgt wird, das nicht zu erreichen ist. Das Ich strebt ständig nach dem Körperideal, ohne sich selbst zu erkennen. Diese Entwicklung führt unweigerlich zu einer dramatischen Selbstzerstörung, zu sich verstärkenden und chronisch werdenden psychosomatischen Störungen (Kopfschmerzen, Migräne, Bauchschmerzen).

Martin verkleidet sich als Bauleiter und nennt sich selbst „Job". Er ruft den anderen Kindern zu: „Hallo, Kollegen, Kumpels, hier ist eine Verkaufsstelle, wollt ihr nicht 'was kaufen?"

Das Ballspiel und die damit verbundene Begleitung war notwendig und der Ausgangspunkt, um weiter die Frage „Was kann ich?" für sich zu beantworten. Der Anfang ist getan, die Entwicklung schreitet voran mit dem Schrittempo, das Martin vorgibt. Er bezieht jetzt die anderen Kinder ins Spiel ein, kann sich auf sie einlassen (zur Erinnerung: zuerst Individualentwicklung und als Folge Sozialentwicklung).

Fasching wird gefeiert. Martin erscheint im schwarzen Zorro-Kostüm: Hut, Umhang, Maske. Forsch tritt er an die Erzieherin heran. „Hast du schon 'mal als Zorro getanzt?" – „Wie, ich?" Die Erzieherin ist leicht verwirrt, meint aber sofort mutig: „Eigentlich nicht, aber ich kann's ja 'mal versuchen." – „Ja, toll!", ruft Martin. „Da brauchen wir aber noch Musik, vielleicht wollen ja auch noch andere Kinder zusehen", ruft er. Und, neugierig geworden, bilden schon die anderen einen Kreis, lachen fröhlich und lautstark. Es ist schon etwas Beson-

* F. Perls, in: W. Schmidtbauer: Alles oder Nichts, Hamburg, 1980.

deres, die Erzieherin als Zorro zu erleben. Wie stark ist sie denn nun? Die Kinder wollen es wissen. Die Fröhlichkeit der Kinder läßt die Hemmungen der Erzieherin zerfließen. Als Zorro zu tanzen, das hatte sie nun wirklich nicht in ihrer Ausbildung gelernt!

Es ist auch völlig unwesentlich, ob eine Erzieherin tanzen kann oder nicht. Entscheidend ist, daß sie sich auf die Ebene von Kindern begibt, spontan und freudvoll mit eigener Bewegung experimentiert, daß sie sich anstecken läßt von der Ursprünglichkeit der Kinder. Kinder brauchen Menschen, und zwar solche, die zwar die Zorro-Maske aufhaben können, aber sonst als ganz realer Mensch und ohne Maske mit ihnen leben wollen, spielen und sich bewegen. Es ist ein Riesenspaß, wenn die Erzieherin sich 'mal verkleidet und in ihrer Weise als Zorro tanzt. Die Kinder haben sich inzwischen zusammengesetzt und die Musik ausgewählt, nicht passend zu „Zorro", oder doch? „Ich bin der Schlumpfen-Cowboy-Joe!" Ob „Cowboy-Joe" oder „Zorro" – Kinder wollen stark sein, brauchen Bewegung, um Stärke entwickeln zu können. Die Erzieherin tanzt, die Kinder haben eine Videokamera und drehen einen kleinen Zorro-Tanzfilm. Hinter der Kamera geben sie gute Ratschläge. „Dreh' dich doch 'mal! – Ja, gut, weiter so! – Lächeln! – Arme hoch, wie in der Disco! – Versuch's 'mal auf dem Boden!" Der Titel ist beendet. Erschöpft, schwitzend, aber ganz fröhlich und lustig legt die Erzieherin ihr Kostüm ab. „Jetzt wollen wir!" rufen viele Kinder. Andere wollen noch beobachten. Hinter der Kamera konnten und können zunächst Hemmungen abgebaut und Mut gefaßt werden, um selbst experimentieren zu können. Wichtig sind das Modell, die herzliche Beziehung der Erzieherin zu den Kindern und eine daraus gewonnene Atmosphäre, die es Kindern erlaubt, angstfrei, ohne Normdruck ihr eigenes, individuelles Bewegungspotential entfalten zu können.

Der kleine „Zorro" Martin hat im Kindergarten seine Stärke entdecken können, aus dem erspürten Verständnis seines Lebensplanes heraus („Ich habe Angst, was kann ich eigentlich?"). Die Erzieherin hat Martin sensibel begleitet. Doch dazu war es notwendig, Martin in seiner individuellen Welt und seiner Befindlichkeit zu verstehen. Martin in seiner Anstrengungsbereitschaft zu stärken, hieß zunächst, ihn seinen Entwicklungsschritt und sein Tempo selbst bestimmen zu lassen. Nicht Normen sind entscheidend! Was er *jetzt* kann, ist wichtig, was und wie er beobachtet, welche Impulse/Signale er aussendet, die aufgegriffen werden sollen als Hilferuf!

Der Ball springt so, wie Martins Haltung zu ihm ist. Veränderte Körperhaltung bewirkt, daß es gelingt, den Ball mehrmals aufzuschlagen. Dies wiederum macht Freude, bringt das *selbst-geschaffene* Erlebnis des Erfolges eigener Bewegungsaktivität. „Ha, ich kann doch 'was, ich bin doch stark!" Diese Selbsterkenntnis führt wiederum zu inneren Bewegungen. Positive Gefühle werden frei, lockere Bewegungen sind die Folge. Aus einer entspannten Körperhaltung heraus gelingt einfach mehr. Die Erzieherin muß behutsam zur Seite stehen oder auch sensibel sich im Gleichschritt mitbewegen, um Martin „aufzufangen", wenn er zu fallen droht. Sie bietet damit ein emotionales Netz, das Martin die Sicherheit bietet, sich von Ängsten frei-zu-bewegen. Martin hat sich verändert. Die Eltern sind aufmerksam geworden. Werden sie sich auch verändern?

2. Bewegung, Tanz und Spiel – bedeutsame Aktivitäten der Kinder zur Entwicklung von Handlungskompetenzen und Schulfähigkeiten

„Mein Kind kann schon seinen Namen schreiben“, sagte kürzlich eine Mutter stolz. Eine andere ist froh darüber, daß im Kindergarten schon Englischkurse angeboten werden.

„Nächstes Jahr beginnt der Ernst des Lebens, dann ist Schluß mit der ständigen Spielerei!“ Eine Mutter bringt die Meinung vieler Eltern auf den Punkt. In unserer Leistungsgesellschaft sollen die Kinder möglichst früh und intensiv auf die Schule und das künftige Leben vorbereitet werden. Lassen wir Kinder bereit werden, oder sollen Kinder ganz schnell bereit sein für die Schule? Für die Schule bereit sein heißt doch aber nichts anderes, als den Strukturen, Bedingungen, Anforderungen, die die Institution „Schule“ setzt, gerecht zu werden. Gerecht, d.h., das Kind muß eine solche Stärke haben, daß es die Fähigkeit besitzt, Gegebenheiten für sich ins „rechte Licht“ zu rücken, daß das eigene Ich sich nicht verleugnen muß.

Andererseits wird das Kind in der Schule mit zahlreichen Ungerechtigkeiten konfrontiert, die Kompromisse vom Kind fordern, die nur ein Kind eingehen kann, das:

1. eine *Grundsicherheit* in sich hat, eine *emotionale Stabilität;*
2. GesprächspartnerInnen, *Vertraute* hat, mit denen es eben diese eingegangenen Kompromisse austauschen und sich dabei entlasten kann;
3. die *Fähigkeit* erworben hat, auf dem Hintergrund seiner Erfahrungen – situationsorientiert – vielfältigste Handlungsstrategien zu entwickeln und zu entfalten.

Erworbene Fertigkeiten wie Buchstaben schreiben, Rechnen, englische Vokabeln sind vergleichbar mit auswendiggelerntem Wissen. Ein Gedicht gelernt zu haben, besagt noch nichts darüber, ob ich es auch interpretieren kann. Dazu ist die Fähigkeit notwendig, Dinge in Sinnzusammenhängen zu sehen, Hintergründe aufzudecken, die Bildersprache des Dichters zu erforschen. Eine Interpretation verlangt in jedem Fall ein Maß an „Sich-hineinversetzten-Wollen“ in die Intention des Textes. Dieses „Wollen“ besagt schon, daß ein Maß an innerer

Kraft vorhanden sein muß und eben Denkfähigkeiten, die es zulassen, die Bedeutung des Dichterwortes zu ergründen.

Fähigkeiten zielen auf die Gesamtheit der Persönlichkeit, während Fertigkeiten nur einen Teilbereich ausmachen. Somit wären Schul*fertigkeit* und Schul*fähigkeit* zu unterscheiden. Ein Kind hat bestimmte Fertigkeiten, es kann die Schuhe zubinden, kann Kreise malen, Farben unterscheiden, eine Bilderfolge erzählen. Das sagt aber noch nichts über seine Fähigkeit aus, den Schulalltag zu bewältigen, auch Dinge erledigen zu müssen, die keinen Spaß machen oder im Moment nicht interessieren. Mit den täglichen vielschichtigen Belastungen umgehen zu können, setzt ein hohes Maß an innerer Stärke und Stabilität voraus und an emotionaler Belastbarkeit. Kognitive Leistungsfertigkeiten lassen zwar zu, daß das Kind den schulisch zu vermittelnden Stoff versteht. Nur, wenn es sich über Gegebenheiten ärgert, wütend über Ungerechtigkeiten ist, sind Persönlichkeitsqualitäten, -fähigkeiten gefordert, die es ermöglichen, Kompromisse schließen zu können für sich und sich dabei auch weiterhin gut zu fühlen.

Der Jugendforscher *Allerbeck* spricht in diesem Zusammenhang davon, daß in der Schule der „Berufsmensch“ herangebildet, d. h., das Kind mit Wissen „vollgepumpt“ wird. Aber ob das für's Leben reicht?

Jana und Marcus sind befreundet. Beide sollen im nächsten Jahr die Schule besuchen. Beide Kinder sind kleine „Spring-ins-Felde“ – hüpfen 'mal hierhin, 'mal dahin, klettern auf Bäume, sind ständig in Bewegung. Eines Tages kommen sie auf die Idee, ein Maskentheaterspiel in Szene zu setzen. Masken haben für Kinder eine ganz besondere Bedeutung. Kinder können sich dahinter verstecken, fühlen sich sicherer.

„Wenn ich die Maske aufhabe, kann mir nichts passieren“, formuliert der 6jährige Peter.

Indem Kinder verstärkt Masken aufhaben, erzählen sie uns, daß sie noch verunsichert sind, Schutz brauchen, auf der Suche nach Identität sind. Damit machen sie auf ihren Lebensplan aufmerksam: „Ich bin noch auf der Suche, wer ich bin.“ Sie setzen einen Impuls für ErzieherInnen: „Seht her, ich brauche noch die Maske, aber gleichzeitig die Möglichkeit, herausfinden zu können, wer ich bin. Dazu muß ich mich bewegen. Es fällt mir mit Maske leichter, vieles auszuprobieren. Und, indem ich es auszuprobieren wage, werde ich auch immer sicherer.“

Jana stellt sich vor Marcus: „Komm, ich zeig' dir 'was, und du machst mich nach, ok?" Marcus stimmt zu. Jana öffnet die Arme, Marcus auch. Das Mädchen bewegt sich langsam, rhythmisch die Beine dazu, ihr gesamter Körper beginnt im Takt zu schaukeln. Marcus versucht, es ihr gleichzutun. Die Bewegungen werden immer schneller, Jana wird mutiger, dreht sich, Marcus auch. Beide kommen ins Wanken, haben ganz viel Spaß an ihren selbstgewählten Bewegungsmustern. „Nein, so!" ruft Jana. Marcus scheitert, lacht aber herzlich. Es entwickelt sich ein kleiner Tanz, wobei jeder seine individuellen Bewegungen einbringt. Marcus ist erschöpft, nimmt die Lego-Bausteine und setzt (s)ein Haus zusammen. Jana will weitertanzen. Eifrig hüpft sie im Kreis herum, rollt auf dem Boden. Die anderen Kinder klatschen. Es scheint, als würde Jana sich bis zum „Umfallen" austesten wollen.

„Ich will wissen, wer ich bin!"
„Was kann ich?"
„Was fühle ich?"
„Was denke ich?"
„Was sind meine Bedürfnisse?"

Diese von Jana innerlich und unbewußt gestellten Fragen drängen nach Antwort. Kann ein Kind diese Fragen (Lebensbausteine) für sich beantworten, hat es wichtige und notwendige Kompetenzen entwickelt, die die Voraussetzung bilden, um schulfähig zu sein.

Kinder bauen oft aus Klötzen, Stein für Stein, ein Haus. Ebenso ist es vorstellbar, wie jeder Mensch sich in seinem Innersten ein Haus – sein Lebenshaus – zusammenstellt. Für die individuelle „Architektur" seines Hauses ist es wichtig, daß folgende Fragen beantwortet werden müssen, die nach Beantwortung als Lebens-bausteine in das Haus fest eingefügt werden können:

- Was sind *meine* Bedürfnisse? (Beantwortung wichtig zur Entfaltung der Individualität – Individualentwicklung.) Als Folge entstehen soziale Kompetenzen.
- Was denke ich? (Frage nach geistiger Entwicklung.) Als Folge entstehen kognitive Kompetenzen.
- Was kann ich? (Frage nach Stärken und Schwächen, Grenzen, insbesondere auf dem Bewegungsgebiet.) Als Folge entstehen motorische Kompetenzen.
- Was fühle ich? (Frage nach meinen Gefühlen, Stimmungen.) Als Folge entstehen emotionale Kompetenzen.

Hat ein Kind die Möglichkeit, sich in vielfältigster Art und Weise aus-zu-drücken, so kann es seine Fragen immer tiefer für sich beantworten. Damit werden die Lebensbausteine in seinem Haus auch kontinuierlich fester eingemauert und sind stabil, das Haus kann damit nicht zusammenfallen. Das Kind erlangt innere Ruhe und Stabilität. Das Gegenteil: Ein Kind wird labil, wenn diese Bausteine nur teilweise und nicht ausreichend zusammengefügt werden: Das Kind ist ständig auf der Suche, Festigkeit zu erlangen, braucht Begleitung, macht aufmerksam auf Fragen durch sein tägliches Verhalten, durch seine Ausdrucksmöglichkeiten. Werden diese Aus-drucks-möglichkeiten nun nicht erkannt, ignoriert oder eingeschränkt, so ist das Fundament für die weitere Lebensgestaltung nicht geschaffen. Die Folge ist, daß das Kind in nächster oder späterer Zeit Probleme hat, sein individuelles Leben (Lebenshaus) kompetent aufbauen zu können. Das Dach – die Frage nach der Identität – beginnt einzustürzen. Daraus folgt, daß auch die weiteren Bestandteile der Seele angegriffen und langsam zerstört werden.

Das Modell des Lebenshauses soll plastisch verdeutlichen, was Kinder wirklich brauchen, um auf die Zukunft vorbereitet zu sein, vor allem sensible Begleitung aller Ausdrucksformen von Kindern. Kindorientiertes pädagogisches Handeln muß auf partnerschaftliche Begleitung, insbesondere bei Bewegung, Spiel, Malen, Zeichnen, Erzählen ausgerichtet sein, auch im Sinne einer kompetenten Sprachbegleitung. Nur so ist es möglich, Kinder „in die Zone der nächsten Entwicklung" zu führen (Wygotski), d.h., durch die aktive Aufnahme der von den Kindern selbst erspürten Impulse diese Kinder in ihrem nächsten Entwicklungsschritt zu begleiten.

Kinder *fühlen* (Wahrnehmung mit allen Sinnen), *handeln* daraus (Bewegung), *kognitive* Prozesse (Denkfähigkeiten) werden in Gang gesetzt, aus erlebten Sinnzusammenhängen heraus erkennt das Kind seinen eigenen Wert im Zusammenspiel mit anderen, *fühlt* und *weiß,* welche Bedürfnisse es hat, kann sich immer mehr auf *soziale* Beziehungen einlassen. Das Haus ist fertig, notwendige Kompetenzen sind entwickelt. Aus dem Handeln, aus der eigenen Bewegungserfahrung heraus, hat sich Identität entfaltet.

Durch Bewegung, Spiel und Tanz nehmen Kinder die Welt verschiedenartig wahr. Sie klettern auf Bäume, lassen sich hängen, greifen wieder fest zu, wollen herausfinden, was sie ihrem Körper und damit sich selbst zutrauen können, sie wollen ihre Grenzen austesten. Auf einem Baum stehend, stellt sich die Welt ganz anders dar. Die Kinder müssen ihr Gleichgewicht halten, gleichzeitig spüren sie bewußt ihren

Modell „Lebenshaus“

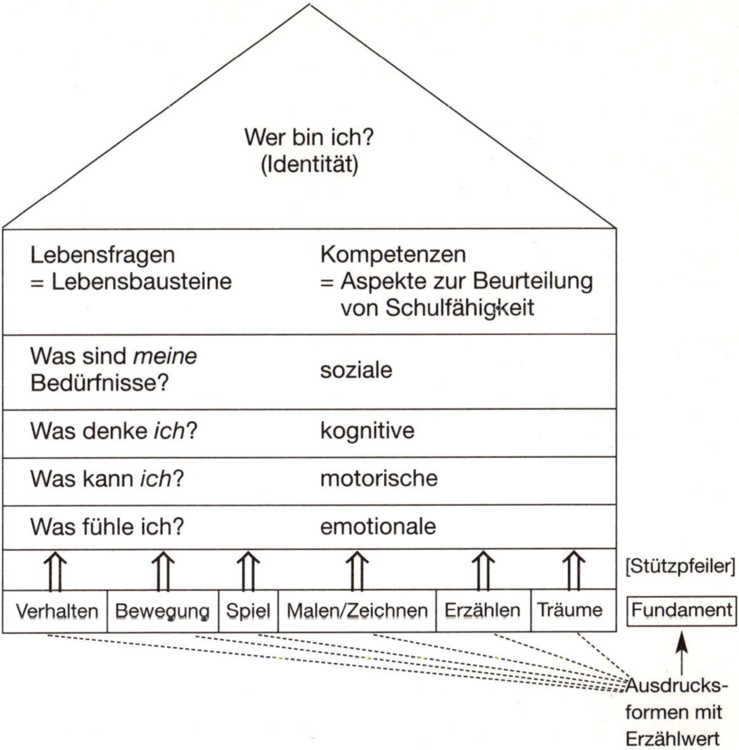

Körper, ihren Krafteinsatz und sind ganz einfach größer als wir kleinen Erwachsenen da unten auf der Erde. „Guck 'mal, ich bin viel größer als du!“ ruft mir der 5jährige Patrick entgegen, der sich gerade an einem Laternenmast hinaufgezogen hat und auf dem Zaun steht. „Jetzt kann ich den Hubschrauber da oben auch viel besser sehen!“ Der Wahrnehmungshorizont hat sich erweitert, was Auswirkungen auf die Erweiterung der geistigen Fähigkeiten hat. Gewohnte Horizonte überschreiten und Spaß dabei haben, auch das haben Kinder Erwachsenen voraus. Die Jungen und Mädchen schauen auf uns herab und freuen sich riesig, den Wolken ein Stück näher zu sein. Im Spiel schlüpfen sie in Rollen, sind der starke Held, der Autofahrer auf der Landstraße zum Hotel, Prinzessin, „Coolman“, Zauberer. Phantasie wird entfaltet, in Kreativität umgesetzt, d.h. mit ungewöhnlichen Mitteln versucht, eine Situation zu meistern. Ein Zaubertrunk wird hergestellt, aus Kondensmilch, Mineralwasser, Joghurt und geheimen Zusätzen, die scheußlich schmecken, aber die Bande zwischen Kindern und ErzieherInnen knüpfen, Beziehung vertiefen. Wer vom Zaubergetränk kosten darf, hat einen Geheimbund geschlossen, ihm/ihr werden Dinge anvertraut, die sonst keine(r) wissen darf. Ein ganz starker Vertrauensbonus, der nicht enttäuscht werden darf!

Kinder versetzen sich im Spiel in die Rolle des anderen. Wie er/sie wohl reagieren würde? Darauf richten sie ihr Handeln, ihre Bewegungen aus. Sie erinnern sich an ähnliche Spielsituationen, vergleichen blitzschnell und entscheiden daraus, wie sie spielen wollen. Dabei werden in Windeseile viele Sinnzusammenhänge gesteckt, Denkbrücken gebaut. Diese Brücken wiederum lassen Informationen schneller weiterleiten, erleichtern den Informationsfluß.

Folgendes Schema soll diesen Prozeß verdeutlichen:

Bewegungs-, Spielsituation 1

↓

Andreas wirft den Ball auf das Tor ⟶ Tobias fängt den Ball

↓

Andreas möchte gern ein Tor schießen.
Er bemerkt, daß Tobias ein guter Springer ist. Bälle, die in die oberen Ecken des Tores treffen, werden von ihm gefangen.

↓

Aus den Wahrnehmungen und Erfahrungen der Spielsituation 1 heraus, verändert Andreas in Spielsituation 2 sein Bewegungsverhalten.

↓

Bewegungs-, Spielsituation 2

↓

Andreas wirft den Ball auf das Tor und zwar so, daß er ins Mittelfeld trifft. ⟶ Tor!
Tobias ist darauf nicht gefaßt. Er hat sein Bewegungsverhalten nicht verändert, hat sich nicht in Andreas „hineinversetzt“ und nicht damit gerechnet, daß Andreas sich anders bewegt.

Andreas hat in der ersten Spielsituation wahrgenommen, daß Tobias sich auf das Springen konzentriert. Daraus schließt Andreas, daß er voraussichtlich ein Tor schießen kann, wenn er unten in das Mittelfeld trifft. Aus einer bewußten Wahrnehmung heraus hat Andreas sein Bewegungsverhalten und das von Tobias genau analysiert und hat Bewegungsstrategien im voraus bedacht, die dann zum Erfolg führten. Er hat dabei folgende Erkenntnisse für sich gewonnen:

1. Ich kann gut Ballspielen.
2. Ich habe nachgedacht und genau überlegt, was ich besser machen kann, um ein Tor zu schießen.
3. Ich fühle mich richtig gut. Es macht Spaß, seinen Körper einzusetzen.

Motorisch hat Andreas gelernt, wie er seinen Körper, seine Bewegungsfertigkeiten einsetzen kann, um ein Tor zu schießen. Dabei experimentiert er und erweitert gleichzeitig sein Bewegungsrepertoire, hat für künftige Spielsituationen ein Spektrum an Handlungs- und Bewegungsstrategien in sich, das er nur „abzurufen" braucht. Vergleichbar mit einem Computerprogramm – aus der Vielzahl der Programme kann *er* selbst das für ihn geeignete Bewegungsprogramm auswählen. Er kann selbst entscheiden und übernimmt damit Verantwortung für sein eigenes Handeln.

Gleichzeitig – durch Analyse der einzelnen Situationen entwickeln sich seine Denkfähigkeiten (*kognitives* Lernen). Mit sich und seinem Körper zu spielen, macht einfach Spaß, erst recht, wenn der Erfolg – das Tor – nicht auf sich warten läßt (*emotionales* Lernen). Selbsttore sind ja eher frustrierend, also ist es erst so richtig lustig, wenn ich ein Tor auf die gegnerische Mannschaft abschießen kann und dabei Strategien entwickele (*soziales* Lernen).

Durch eigenes Tätigsein, Handeln, Spielen, Sichbewegen erwerben Kinder die Kompetenzen (motorische, emotionale, kognitive, soziale), die benötigt werden, um auf die Schule vorbereitet zu sein.

„Ich bin der starke Frank", sagte der Kleine beim Kasperspiel.

Jana läßt sich von ihrem Freund als Clown bemalen. Sie sitzt vor dem Spiegel, legt beide Hände aneinander und sagt aus vollem Herzen: „Ich bin schön!"

Ich bin schön!
Ich kann etwas!
Ich habe einen Wert für mich!

Diese Selbsterkenntnis und das damit gefundene Selbstwertgefühl sind die Voraussetzung, um fähig zu sein, das weitere Leben selbstkompetent mit eigener Stärke gestalten zu können.

Entwicklungskreislauf im Kind

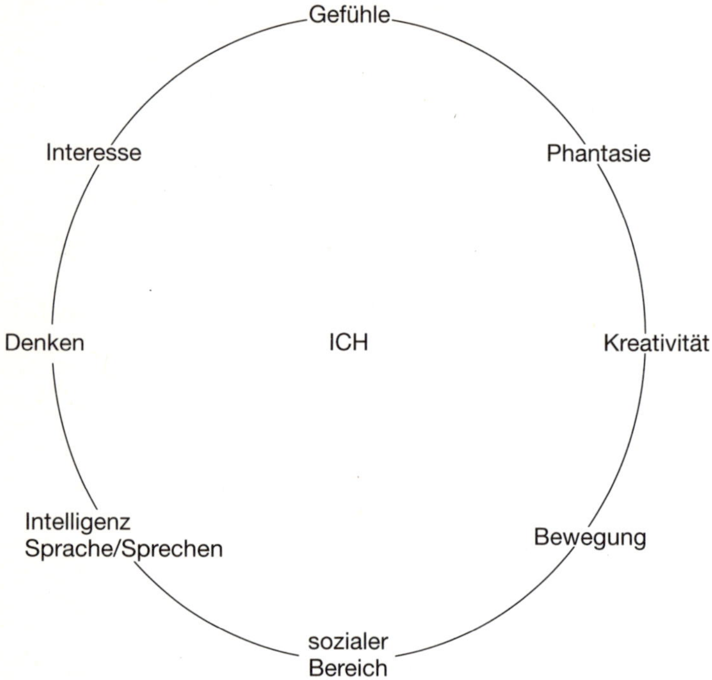

Das Ich kann sich auf seinem Lebensweg gut weiterbewegen, ist gut auf ihn vorbereitet, wenn es in sich Entwicklungspotenzen ausschöpfen konnte. Dazu ist es notwendig, vergangene Erlebnisse, Erfahrungen im Jetzt ausspielen, aus-bewegen, aus-tanzen zu können, um damit seinen eigenen Kreis wieder ins Laufen bringen zu können, ohne „Kreislaufstörungen" zu haben. Wenn wir das Kind im Blick haben, muß das immer gleichzeitig mit einer Sichtweise des ganzheitlichen Kreises verbunden sein, der Kugel, die nur weiterrollen kann im eigenen Tempo, wenn *alle* Bereiche sich entwickeln können, sonst gibt es Dellen, Teilstörungen, Teil-leistungs-störungen. Die ganz-heitliche Kindespersönlichkeit ist wichtig und nicht nur ein Teilbereich von ihm!

Hat ein Kind in der Gegenwart die Möglichkeit, sein Selbstwertgefühl ausbilden zu können (Erziehungsauftrag im „Situationsorientierten Ansatz“, Verarbeitungshilfe vergangener Erlebnisse, Erfahrungen in der Gegenwart zur Findung von Identität), so ist es optimal vorbereitet, den nächsten Schritt, Kreislauf, eingehen zu können.

Vergangenheit ⟷ Gegenwart ⟷ Zukunft

↓

Selbsterkenntnis
Selbstwertgefühl
= Ich bin wertvoll!

↓

muß im Jetzt
heraus-bewegt
werden in allen
seinen Entwick-
lungsschritten

↓

- Bewegung, Gefühle
- Phantasie, Kreativität
- sozialer Bereich
- Sprache, Sprechen
- Intelligenz, Denken
- Interessen

Das Selbstwertgefühl des Kindes ergibt sich aus den Erlebnissen und Erfahrungen, die das Kind in der Vergangenheit mit sich und anderen gemacht hat. Das Kind hat vielfältigste Eindrücke in sich aufgenommen – fröhliche, traurige, angsterregende. Innere Bilder sind entstanden, die sich fest eingeprägt haben im kindlichen Körper. Durch Bewegung werden diese Bilder wieder lebendig und können sich ausspielen, können ver-arbeitet werden in der Gegenwart.

Diese Erkenntnis ist bedeutsam. Erlebte Bilder sind mit bestimmten Gefühlen verbunden. Diese Gefühle müssen wieder aktualisiert werden, um neue Bilder in sich selbst entstehen lassen zu können. Ein Kind, das in der Vergangenheit Gewalt erfahren mußte, trägt diese Bilder immer unbewußt in sich. Diese Bilder fließen unbewußt in sein jetziges und künftiges Handeln ein. Das Kind muß die Möglichkeit erhalten, im *gegenwärtigen* Spiel seine Erlebnisse, Erfahrungen aus-zu-bewegen, um aus dieser neu gewonnenen Freiheit heraus kompetent Handlungsstrategien entwickeln zu können. In der Gegenwart erlernt das Kind Kompetenzen, ist damit auf die Zukunft optimal vorbereitet.

Sein gesamtes Verhalten, Träume, Spiel, Tanz, Malen, Zeichnen, Erzählungen sind Ausdrucksformen in der Gegenwart. Durch die Vielfalt der Handlungen wird sein Bewegungspotential (angeborene Fertigkeiten) angereichert, ausgeschöpft. Im Entwicklungskreislauf des Kindes hat dies unmittelbare Auswirkungen auf die Gefühle und besonders auch auf die Einstellung zu sich selbst – das Selbstwertgefühl. Durch Bewegungsvielfalt (ausgedrückt im Verhalten durch Spiel, Tanz, Malen, Zeichnen, Träume, Erzählungen) werden die anderen Bereiche im Entwicklungskreislauf (Phantasie, Kreativität, Sprache, Sprechen, sozialer Bereich, Intelligenz, Denken, Interesse, Gefühle) aktiviert, angereichert, qualitativ verändert. Bewegung ist das Fundament für Entwicklung, und zwar jene Bewegung, die das Kind eigenständig entfaltet.

Die folgende Übersicht zeigt deutlich die Zusammenhänge von Bewegungsentfaltung (Fundament der Entwicklung) in verschiedenen Ausdrucksformen (Träume, Spiel, Tanz, Malen/Zeichnen, Erzählen), die einfließen in den Entwicklungskreislauf und die damit das Selbstwertgefühl auszubilden helfen. Ausdrucksformen zeigen sich in der *Gegenwart.* Ein Kind spielt, tanzt, malt/zeichnet, erzählt jetzt von seinen Träumen und anderen Erlebnissen. Damit erzählt es uns *jetzt* – mit Worten oder ohne Worte – womit es sich beschäftigt, was es innerlich bewegt. Diese inneren Bewegungen hängen mit Erfahrungen aus der *Vergangenheit* zusammen. Ein Kind sucht dringend nach einer Möglichkeit, seine Erlebnisse in der *Gegenwart* erzählen zu können. Der Kindergarten ist somit ein sehr wichtiger Ort, weil das Kind dort Verarbeitungshilfe für sich erhalten kann als notwendige Voraussetzung, um sein Leben gestalten zu können. ErzieherInnen, die diese Lebenszusammenhänge verstehen (Vergangenes wirkt auf Gegenwärtiges ein, strahlt auf Zukünftiges aus, wenn es nicht verarbeitet werden konnte), werden zu wertvollen BewegungsbegleiterInnen von Kindern.

Jana hat ihr Selbstwertgefühl entwickeln können. Mit Phantasie hat sie ihre Bewegungen verändert, hat gezaubert. „Zauber uns doch 'mal alle weg“, haben die Kinder gerufen. Sie nimmt das Stativ der Videokamera und – potz-blitz – schwenkt einfach den Ständer weg. Alle Kinder waren nicht mehr zu sehen. „Ich kann zaubern!“ Jana erhebt stolz die Arme, macht sich groß. Mit der Clown-Maske vor dem Gesicht setzt sie sich an den Tisch und malt konzentriert ein Bild, ganz

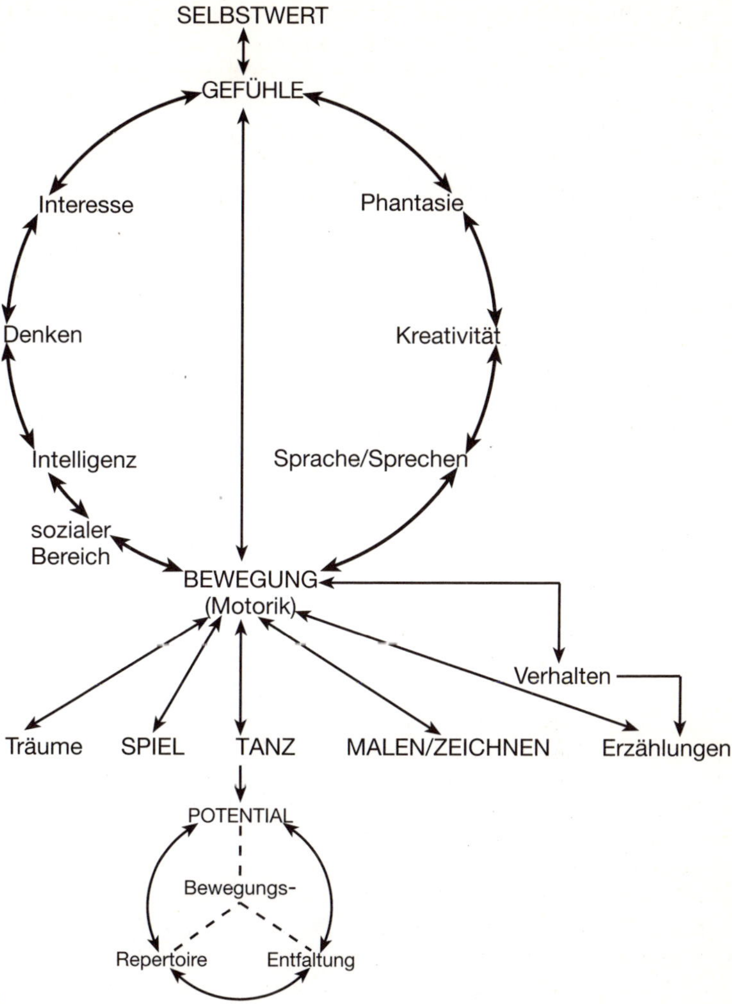

allein, und kommentiert es für sich. Sie bringt ihre Innenwelt sprachlich zum Ausdruck. Jana ist ganz beteiligt in der Situation, sie überlegt, hebt plötzlich den Zeigefinger: „Ha", platzt sie heraus, „was kommt jetzt?" – und lautstark: „Laß dich überraschen! – schwarze Augen – Nase – Mund – fertig. Das habe *ich* gemalt! Es ist schön!"

Sie ist interessiert, motiviert, entwickelt Denken und Sprache für sich und im (Zauber)Spiel mit anderen. Im gesamten Verhalten, in ihren Erzählungen, ihrem Spiel, ihren Bewegungen, ihrem Tanz, drückt sie aus, über welche Entwicklungs- und Bewegungspotenzen sie verfügt. Bewegung, motorische Kompetenz ist das Fundament im Entwicklungskreislauf von Jana, hat unmittelbaren Einfluß auf ihre Gefühle und ihren Selbstwert.

Haben Kinder die Möglichkeit, ihr *individuelles* Bewegungspotential durch Spiel, Tanz, Bewegung zu erweitern, entwickelt sich in der gegenwärtigen Handlung (Spiel, Tanz, Bewegung) eine Bewegungsvielfalt (Repertoire). Aus dieser Vielfalt können Kinder eigene Tänze gestalten, die es ihnen verstärkt ermöglichen, ihren ganz individuellen Lebensplan zum Ausdruck zu bringen. Dazu sind Mut und Neugierde vonnöten und die Möglichkeit, *ihre* Bewegungen und damit ihre Gefühle zum Ausdruck bringen zu können. Die Erlaubnis zu haben, so fühlen zu dürfen, wie dem Kind gerade zumute ist, ist bedeutsam zur Entwicklung emotionaler Kompetenz.

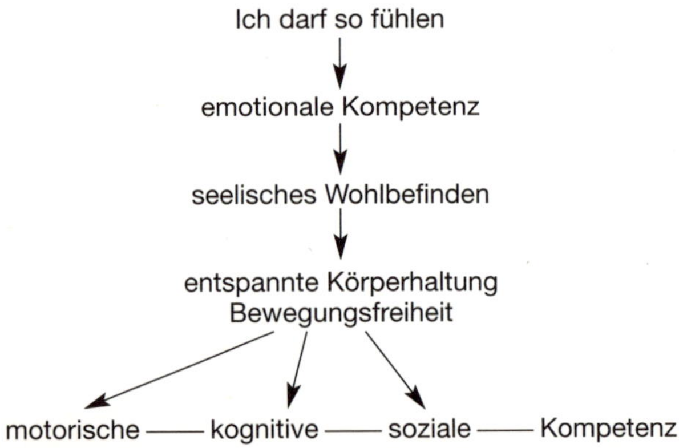

Gefühle ausdrücken zu dürfen, ohne daß sie bewertet werden, führt zu emotionaler Kompetenz, die wiederum seelisches Wohlbefinden schafft, durch entspannte Körperhaltung zum Ausdruck kommt. Entspannung führt zu Entscheidungs- und Bewegungsfreiheit. Somit werden die anderen drei Kompetenzen herausgebildet: motorische, kognitive, soziale. Alle vier Kompetenzbereiche stehen im unmittelbaren Zusammenhang und sind nicht losgelöst zu sehen.

3. Körperwahrnehmung und Motilität (Bewegungsabläufe) bei Kindern

Ein Luftballon schwebt durch die Luft – hin und her, auf und ab. Der 5jährige Tobias spielt „Wind“, pustet. Kerzengerade stellt er sich aufrecht, die Lungen sind frei – tief einatmen, der Brustkorb hebt sich, Tobias wird gleich ein Stückchen breiter und größer, und – ausatmen mit ganzer Kraft! Es macht Spaß zu bemerken, wie durch eigene Kraftanstrengung Dinge in Bewegung gesetzt werden. „Ob ich den Ball noch etwas höher durch die Luft pendeln lassen kann?“ denkt Tobias. „Kann ich das schaffen?“ Der Junge stellt sich wieder ganz fest auf den Boden, spannt Beine, Po, Bauch an, holt tief Luft und läßt sie ausströmen. „Hat er sich ein bißchen höher bewegt, der Luftballon?“ Tobias ist sich nicht sicher. Er begibt sich nochmals in Position. Ein- ... und ... Aus- ... atmen. Und jetzt – der kleine Ballon hebt sich deutlich höher im Raum. Tobias klatscht begeistert und fröhlich hüpfend in die Hände!

Das Kind hat gespürt, daß es durch den Krafteinsatz des eigenen Körpers den Luftballon bewegen kann. So, wie es selbst pustet – mit ganz viel Stärke, weniger oder sanft –, in dieser Weise schaukelt der bunte Ballon lustig durch die Lüfte des Raumes. Tobias nimmt wahr, daß der Ball sich bewegt, und macht zugleich die Erfahrung, daß diese Bewegung durch die Kraft seines Körpers hervorgerufen worden ist. Das Kind nimmt seine Umgebung wahr, berührt und be-greift sie, um sie zu begreifen. Körpererfahrung ist die Quelle der Entdeckung eigener Identität.

Mein Körper bin ich! Kinder müssen ihren Körper spüren können im Zusammenhang mit der Umwelt, eigene Schwerkraft fühlen, den Widerstand der Muskulatur (Tonus) erfahren, immer wieder ins Gleichgewicht kommen wollen in einem bestimmten Raum und in bestimmter Zeit.

Neugeborene strampeln, bewegen die Arme noch ganz unwillkürlich, ziellos. Die Bewegung ist das Ziel an sich. Sie müssen ihre Kraft erst erfahren und austesten, bevor sie gezielt Bewegungen mit individuell variiertem Krafteinsatz ausführen können. Das Baby reagiert zunehmend auf Reize der Umwelt. Ein Licht, das in der Nähe aufleuchtet, läßt den Kopf der Kindes sich zur Lichtquelle drehen. Es liegt auf dem Rücken, sieht die Welt aus dieser Perspektive. Vor ihm erscheint plötzlich der 3jährige Bruder. Das Baby möchte ihn vor sich sehen, führt unkoordinierte Bewegungen aus, allerdings mit einem bestimmten Krafteinsatz, mit einer Anstrengungsbereitschaft. Es spürt schon: „Um sitzen zu können, muß ich mich anstrengen, ich brauche Kraft. Die habe ich noch nicht. Ich will es aber immer wieder versuchen. Ich spüre dabei meine Muskeln und auch immer mehr, daß ein bestimmter Krafteinsatz die Muskeln anspannt und mich dem Sitzen etwas näher bringt. – Puh, nein, ich schaffe es noch nicht, ganz schön anstrengend! Erst 'mal wieder zurück in die entspannte Liegeposition. Da kann ich wieder Kräfte sammeln. Alles ist ganz locker. So, genug ausgeruht ... und ... anspannen ... – höher – höher – höher mit dem Rumpf – ja! und nun noch der Kopf – *geschafft*! Hier bin ich! Seht ihr mich?!"

Die Mutter hat den Anstrengungsprozeß des Kindes aufmerksam verfolgt und dem Baby durch ihre Aufmerksamkeit und durch sprachliche Begleitung Mut gemacht. „P r i m a", sagt sie gedehnt und symbolisiert so die Reck- und Streckversuche des Kindes. Das Baby bemerkt am Stimmeinsatz und ihrer Körperhaltung, daß die Mutter es versteht. Die Beziehung vertieft sich. Die Mutter hat die Körpersprache des Kindes verstanden durch sensible Beobachtung. Im weiteren Entwicklungsverlauf ist es dem Kind nun möglich, hervorgerufen durch *eigene aktive* Körpererfahrung, seinen eigenen Kräfteeinsatz bestimmen zu können, um bestimmte Bewegungsziele zu erreichen. Hätte die Mutter dem Kind z. B. ein Kissen unter den Rücken gelegt, um ihm vermeintlich zu helfen, daß es das Geschwisterkind besser sieht, hätte das Kind eigene Körperimpulse nicht wahrnehmen können. Es könnte dann nicht selbstbestimmt seine Bewegungsabläufe planen (Bewegungsplanung) und ausführen. Die Mutter hätte damit die Bewegungsentwicklung unterbrochen.

Bewegungsentwicklung vollzieht sich von der Körpermitte aus. Die eigene Mitte wiederzufinden, ist häufig unser Anliegen, d. h. zum Ursprung aller Bewegung zurückzukehren, zum Nabel unserer eigenen Welt. Den Körperschwerpunkt zu erspüren, mit Muskelelastizität zu spielen, innere Impulse wahrzunehmen, um sich in dieser oder jener Form zu bewegen sind wesentliche Erfahrungen, um eigene Körpergrenzen herauszufinden, das Bewußtsein für den eigenen Körper herauszubilden. Dieser selbst-bewußte Umgang mit dem Körper ist

Voraussetzung, um eigen-verantwortlich und kompetent mit sich und anderen in Beziehung zu treten. Gespürte selbst-bewußte Körperlichkeit, Eigenwahrnehmung (propriozeptive Wahrnehmung), berühren, berührt sein und sich berühren lassen (taktile Wahrnehmung) bedeuten zugleich auch Freude am eigenen Körper, Sinnlichkeit. Körperempfindungen sind mit Bewegungen verbunden, diese wiederum mit unterschiedlichen Gefühlen. Die Erzieherin hält liebevoll die Hand des Kindes, eine Geste, die Schutz bietet, und vermittelt dem Kind damit ein Gefühl der Wärme und Geborgenheit. Das Ankuscheln des Kindes in eine zärtliche Umarmung läßt Wärme durch den Körper strömen. Das Kind fühlt sich wohl. Die zärtliche Umarmung als Bild symbolisiert auch, daß ein Partner zunächst von sich Atem, Kraft ausströmt. Beim nächsten Mal ist vielleicht das Kind schon in der Lage, von sich, seiner Lebensenergie in den Kreislauf der Bezugsperson einzuströmen. Ebenso ist es möglich, daß ein Kind im Moment keinen Körperkontakt mit anderen möchte, sondern mit sich, seinem Körper allein sein will, auf Entdeckungsreise durch den eigenen Körper starten möchte. Ein Kind, das seinen Körper lustvoll spürt und spüren darf, Berührungen als liebe-und respektvoll und angenehm erlebt, macht die Erfahrung, daß sein Körper einen Wert hat, daß es als individuelle und einzigartige kleine Persönlichkeit Wert hat. Auf der Grundlage dieser positiven Gefühle entstehen innere Bilder, die sich einprägen und Spuren hinterlassen. Mit Hilfe von Vorstellungskraft können diese Bilder immer wieder lebendig werden und dem einzelnen Menschen in ausweglos erscheinenden Situationen Energie spenden, indem auch durch die Vorstellung Körperprozesse aktiviert werden. Motorik wird in Gang gesetzt, Streß kann abgebaut werden, Entspannung wird erlebt. Diese Zusammenhänge zeigen, wie durch Körperbewußtsein das Selbstwertgefühl, der Wert von sich selbst, entdeckt wird. Bilder werden in uns bewegt, verändern sich, bilden neue Strukturen durch äußere Bewegungen, Verhaltensweisen. Wie sich ein Kind, ein Erwachsener bewegt, ergibt sich aus seinen vergangenen Bewegungserfahrungen und den damit verbundenen Gefühlen.

Bewegung aktiviert in hohem Maße Zentren in unserem Gehirn, die unmittelbar mit Gefühlen, Erinnerungen in Verbindung stehen. Zunehmende Bewegungserfahrung schafft demnach immer mehr Klarheit über eigene Gefühle, ist die Voraussetzung für Gefühlskompetenz. Eigene Gefühle, Stimmungen zu erkennen, ist notwendige Voraussetzung, um verantwortungsbewußt und situationsadäquat agieren zu können in Gegenwart und Zukunft. Erkannte, freigewordene Gefühle führen dazu, Bewegungsmuster neu zu gestalten, zu einem angereicherten Bewegungsrepertoire. Durch Bewegungsentfaltung entsteht die Möglichkeit, seine Gefühle auch deutlicher ausdrücken zu können und Gefühle anderer besser zu verstehen. Beides ist wichtig, um das Leben meistern zu können.

Bewegung als Quelle unseres Handelns

Vergangenheit ⟷ Gegenwart
↕ ↓
Gefühle ⟷ Bewegungsentfaltung
↕ ↓
Bewegungserfahrung Bewegungsrepertoire
↕
Bewegungsmuster

Darf ein Kind sich freudig, lustvoll und mit ganz viel Spaß bewegen, spielen, herumtoben, dann hat es ein tolles Bewegungserlebnis, hat viel dabei gelernt:

- Koordination = Zusammenspiel der Muskulatur;
- statische Koordination = Ruhehaltung des Körpers;
- lokomotorische Koordination = Befähigung zur Bewegungsplanung (geordnet, angepaßt und zielgerichtet);
- Krafteinsatz gegen Widerstand;
- Wechselspiel von rasch aufeinanderfolgenden gegensätzlichen Bewegungen (Agonist – Antagonist);
- Erleben der Eigenschwere;
- Verhältnis zwischen Kraftaufwand und Effekt der Bewegung;
- Bewegungsabläufe (Motilität) in Zusammenspiel von:
  - Kraftaufwand (K)
  - Bewegungsausmaß (R)
  - zeitlicher Ablauf (Z);
- Erleben von phasischen Kontraktionen in verschiedenen Muskelabschnitten (Faszikulieren);
- Kontraktion nur in eng beschriebenen Bezirken (Fibrillieren);
- Unterschiede im Bewegungsverhalten bei
  - Gesamtmotorik
  - Motorik einzelner Körperabschnitte
  - Einzelfunktionen;

- Unterschiedliches Körpererleben beim bewußten Einsatz verschiedener Bewegungen:
  - Beugen – Strecken (Spannung – Entspannung)
  - Handöffnen – Faustschluß
  - Schulterheben – Schultersenken
  - Beugen von Gliedmaßenabschnitten
  - Isolation von Körperteilen bei Stillhalten der anderen Körperabschnitte;
- Konzentration;
- Aufmerksamkeit;
- Durchhaltevermögen.

Bei dieser bewußten Reise durch den Körper erlebt das Kind deutlich, daß es selbst seinen Körper steuern kann. Es spürt Entspannung, Anspannung in Abhängigkeit vom eigenen Krafteinsatz im Raum in einer selbstgewählten Zeit. Das Kind wird zum Be-wirker seiner selbst, durch seine bewußt eingesetzte Aktivität kann es Körperprozesse beeinflussen. Diese Erkenntnis ist von hoher Wichtigkeit für die jetzige und künftige Lebensgestaltung. Das Kind macht die Erfahrung, daß es Kräfte in sich hat, in seinem Körper, die es zu gegebener Zeit aktivieren kann, um auch schwierige Situationen meistern zu können. Dazu ist es aber unbedingt notwendig, daß das Kind die Möglichkeit erhält, spielerisch seinen Körper zu erforschen, diesen eigenen Einsatz im Zusammenhang mit dem Effekt der Bewegung zu erleben und wahrzunehmen. Isolationsübungen (bekannt aus dem Jazz-Tanz) verlangen ein hohes Maß an Konzentration. Der Körper muß z. B. still gehalten werden, während sich nur der Kopf nach links – zur Mitte – nach rechts bewegt. Ebenso ist es ganz schwierig, nur den Oberkörper zu bewegen und dabei den Unterkörper ruhig zu lassen. Bei diesen Bewegungen wird der Körper intensiv gespürt, was ein wichtiger und entscheidender Beitrag ist, um sein eigenes Körperschema zu entdecken, die Grenzen des eigenen Körpers.

Die Entdeckung des Körperschemas ist die Voraussetzung zur Entwicklung des Körperselbstbildes und der eigenen Identität. Die Kraft im eigenen Körper selbst herauszufinden durch Eigen-Bewegungen, ist sehr bedeutungsvoll, um identisch mit dem Körper werden zu können.

Erkennt das Kind nicht seine Kraft, dann wird es sich diese immer in einem anderen Körperbild erträumen. Es ist dann ständig damit beschäftigt, einem Körper-Ideal nachzueifern. Dieses „Nicht-eins-sein“

mit sich führt zu erheblichen Selbstwertproblemen. Das Kind meint: „Mein Körper taugt nichts. Da ich aber mein Körper bin, bin ich also auch nichts wert. Ich möchte jemand ganz anderes sein!" Möglicherweise macht es seine innere Verwirrtheit nun der Außenwelt durch aggressives Verhalten deutlich. Wenn es in seinem inneren Chaos nicht verstanden wird, flüchtet es immer mehr in sein Körpertraumbild, das es nun mit allen Mitteln erreichen will aus der Annahme heraus, daß es dann von anderen mehr ge- und be-achtet wird. Es zeigt sich stark, ohne seinen Körper auch stark zu spüren. Ein fataler innerer Widerspruch, der in Folge zur Katastrophe führen kann. Das Kind spürt immer mehr, daß es notwendigerweise zu sich, seinem Körper finden muß, um lebensfähig zu sein. Der Körper „rebelliert", und es kommt zu chronischen psychosomatischen Störungen, oder das Kind „steigt aus", will aus seinem Körper ausbrechen, was entweder zum Selbstmord führen kann oder zu einem gefahrvollen Umgang mit sich selbst. Der „Kick", das Spüren von sich ist vonnöten – S-Bahn-Surfen, Bungee-Jumping. Ecstacy, die sogenannte „Glückspille", wird geschluckt, weil es die Kinder und Jugendlichen nicht gelernt haben, ihren Körper bewußt einzusetzen, um auf andere auszustrahlen. Um sich locker und gelöst bewegen zu können, brauchen sie Aufputschmittel. Kinder müssen ihre Möglichkeiten in sich wahrnehmen, um sicher auf andere zugehen zu können. Kinder stark machen – ein Slogan unserer Zeit. Kinder stark machen, heißt, sie zu begleiten im Aus-Erleben ihrer Bewegungsmöglichkeiten.

Das Kind entdeckt Potenzen in sich und versucht nun, diese in der Gegenwart zu entfalten durch weiteres Experimentieren mit eigener Kraft, dem Gleichgewichtssinn (vestibuläre Wahrnehmung) in Raum und mit bestimmter Zeit, einmal langsamer, dann wieder schneller. Es macht viel Spaß. Das Kind entdeckt zunehmend die Freiheit, die es mit erweiterter Bewegungsfertigkeit erlangt, sich situationsorientiert, je nach Befindlichkeit in adäquater Weise bewegen zu können, indem es seinen Bewegungs-schatz ausschöpft. Es gewinnt dabei immer mehr an Bewegungs-identität, spiegelt in seinen Bewegungen seine Lebensgeschichte wider, kann sie aktiv verarbeiten, aus-bewegen.

Situationsorientierter Bewegungsausdruck wird somit zur Verarbeitungshilfe vergangener Erlebnisse, Erfahrungen, die sich in Bewegungen verfestigt haben. Bewegungen ergeben sich aus der Vergangenheit, zeigen sich situationsorientiert in der Gegenwart, bilden neue Formen. Neue Bewegungsformen lassen „innere Landkarten" auch neu entdecken und erforschen. Bilder werden wachgerufen, sind mit Gefühlen besetzt, die aus vergangener Erfahrung herrühren. Indem das Kind die Möglichkeit hat, diese inneren Bilder aktiv umzusetzen, auszudrücken, werden Gefühle frei – Wut, Haß, Trauer, Freude, Angst. Heraus-bewegte Gefühle bewirken Befreiung und Entspannung des Körpers. Das Kind ist nun in der Gegenwart befähigt, sich neu auf Bewegungen einzulassen, kann aus dieser Freiheit heraus Bewegungsformen entwickeln. Neue Bilder entstehen, drücken sich ein, hinterlassen Spuren im Körper. Verbunden mit einem freien, ungezwungenen Gefühl findet es dabei immer mehr zu seinem Körperselbstbild. Seine Bewegungen werden zum Spiegelbild des eigenen, wahren Ich, keine Kopie, keine Fälschung. Nur die Bewegung, die sich authentisch und ohne aufgesetztes Übungs- und Normritual zeigt, hat wahre entwicklungsfördernde Potenz und ist Ausdruck vergangener, eingedrückter Bilder.

Erzogene, anerzogene, übergezogene Bewegung führt dazu, daß Eigenimpulse nicht wahrgenommen werden. Das Kind bewegt sich so, wie es von ihm erwartet wird, nach einer Norm. Individuelle Unterschiede sind nicht erwünscht. Das Kind strengt sich an und schafft es vielleicht doch nicht, mit „kick", d. h. betont das Bein im Tanzschritt nach vorn zu bewegen. Vielleicht spürt es ja auch erst, daß es langsam dabei ist, die Füße vom Boden zu heben, erst die Ferse, dann ganz sacht und in geringem Maße den ganzen Fuß. Toll! Es hat seinen festen Stand-punkt verlassen! Bei einem ängstlichen, unsicheren Kind ein Entwicklungsschritt, der behutsam weitergeleitet werden muß.

Sogenannte verhaltensauffällige, aggressive Kinder wollen ganz lange ihren Standpunkt behalten, sind glücklich, wenn sie es geschafft haben, die Füße vom Boden zu heben. Ein innerer Bewußtseinsprozeß ist in Gang gesetzt, den das Kind zunächst ganz bewußt für sich wahrnehmen muß. Die Erzieherin müßte das Kind dann empathisch darauf orientieren und seine Aufmerksamkeit auf seine eigenen Entwicklungsschritte lenken.

Fordern wir nun das Kind auf, sich im Sinne einer Bewegungs„erziehung" in dieser oder jener Weise zu bewegen, werden sensible innere Bewegungen zerstört, Impulse verdrängt, was zur Folge hat, daß das Kind Eigenwahrnehmungen zunehmend nicht mehr spüren kann und dann darauf angewiesen ist, Angebote zu bekommen. Sie kennen dieses Phänomen sicherlich aus der Praxis der Turnstunden. Kinder kommen auf Sie zu und wollen unbedingt, daß Sie als ErzieherIn Vorgaben machen. Aus dieser Tatsache leiten nun ErzieherInnen ab, daß Kinder Angebote brauchen. Kinder brauchen in dem Maße Angebot, wie

- innere Bewegungen, Impulse zerstört worden sind;
- situationsorientiertes Bewegen nicht erwünscht ist;
- der Selbstwert nicht entwickelt werden konnte und damit Unsicherheit besteht, sich eventuell bloßstellen zu können, wenn selbstgewählte Bewegungen nicht so gelingen;
- das Kind spürt, daß es nur anerkannt ist, wenn es die geforderten Bewegungen gut ausführt.

Angebote wiederum verstärken immer mehr das Gefühl, fremd-bestimmt zu werden. Der selbst-bewußte Körper wird immer kleiner, zurück bleibt ein fremd-bestimmtes Ich, das sich mehr oder weniger nach den Erwartungshaltungen der Erwachsenen richtet. Sein wahres Ich wird verschüttet, verleugnet. Mit zunehmendem Alter des Kindes, durch kritischere Beleuchtung der Außenwelt, entdeckt es immer mehr, daß sein Körper nur „Beiwerk" ist. Es fühlt sich nicht wohl in seiner Haut. Psychosomatische Störungen (Migräne, Kopfschmerzen, Bauchschmerzen) sind die Folge als Signal, daß der Geist von Körper und Seele abgespalten ist. Bewegungserfahrung muß nachgeholt werden. Ein langer Prozeß beginnt, der durch erzieherische Maßnahmen, Angebote unterbrochen worden ist und Wunden hinterließ, vielleicht Narben, seelische Verletzungen, die schwer heilbar sind.

Kinder brauchen *keine* Angebote, wenn:

- Phantasie erwünscht ist und gefördert wird;
- eine Atmosphäre der gegenseitigen Wertschätzung gelebt wird;
- das Kind spürt, daß es so angenommen, geachtet wird, wie es sich bewegt;
- Gefühle ausgedrückt werden dürfen;
- situationsorientiertes Bewegen begleitet wird.

Vergleich zwischen Bewegungserziehung und natürlicher Bewegungsentfaltung (bezogen auf individuelle Selbstbestimmung des Kindes):

Bewegungserziehung	Natürliche Bewegungsentfaltung
↓	↓
Angebot	Körpersignale
↓	↓
Normvorgabe	innere Bilder, Bedürfnisse
↓	↓
Uni-Form	Varianten-Reichtum
↓	↓
individuelle Impulse werden nicht mehr wahrgenommen, verdrängt	individuelle Impulse werden aufgegriffen, innere Schatz-suche
↓	↓
Fremd-bestimmung	Selbst-bestimmung

„Tanzen", erklärt Danny, „macht mich irgendwie fröhlich." Und Carola: „Es ist, als ob man träumt."

4. Von der Bewegung zur Tanzgestaltung – „situationsorientierte“ Bewegungsdiagnostik und Tanzchoreographie

„Tabaluga“ hallt durch den Raum. Der kleine Drache, der eigene Wege gehen will. „Was mein Vater sagt, ist ja ganz schön, doch kleine Drachen wollen eigene Wege geh'n.“ Die 5jährige Beate ist nicht mehr zu halten. Spontan springt sie in die Raummitte, dreht sich im Kreis, hüpft nach links, nach rechts. Und wieder Drehbewegungen, diesmal am Boden. Schnell wieder aufrichten, und weiter geht's im Rhythmus der Musik.

Petra bewegt sich in der Ecke des Raumes, mit Puppen spielend, summt leise mit.

Dirk nimmt plötzlich einen Teddy, saust an der tanzenden Beate vorbei. Er postiert den kleinen Plüschbären in die Raummitte, schnappt sich einen aufgeblasenen Luftballon, befestigt einen Strick daran und taumelt fröhlich im Schwingrhythmus des Ballons mit. Er wird forscher in seinen Bewegungen, schwingt weit mit dem Seil umher. Der Ballon stolpert im Höhenflug mit. Dirk hat sich mit Hilfe des Ballons frei-bewegt, läßt diesen auspendeln und tanzt nun, die Beine locker bewegend, den Kopf immer mehr nach unten neigend und den Oberkörper leicht in die waagerechte Position gehend. Immer mehr wird er von der Musik in Bann gezogen. Und jetzt – „... doch kleine Drachen wollen eigene Wege gehen“ – der Mund ist weit geöffnet, wie zum Schrei. Selbstvergessen tanzt Dirk seinen Drachentanz, leicht, locker, gelöst schwebt er durch den Raum im Kreis. Plötzlich zieht er mit fröhlichem Lachen seinen Pullover hoch, tanzt weiter, zeigt auf seine Bauchmitte, den Nabel der Welt. Er hat zu seiner Mitte gefunden, seine Körperkraft wieder entdeckt, damit seine Stärke und zu sich selbst.

„Hey, was ich kann!“ lacht der Junge strahlend.

Dirk ist in letzter Zeit durch zurückgezogenes Verhalten aufgefallen. Nachts sieht er immer einen Schatten auf sich zukommen. Er hat Angst, allein zu sein. Die Mutter nimmt diese Angst wahr, weiß sich aber keinen Rat, um ihm zu helfen. Im Kindergarten wird er als „pflegeleicht“ eingeordnet – ein Kind, das keinen Ärger macht. Die Mutter sucht das Gespräch zu den Erzieherinnen, die ganz erschrocken sind und Dirk nun mehr beobachten wollen, um herauszufinden, welche Begleitung er benötigt. In einer Kinderkonferenz schlagen Kinder vor, den Film „Casper“ im Kino anzuschauen. Der kleine Geist Casper freundet sich mit einem Mädchen an. Dirk sieht sich den Film an, ist anschließend in sich gekehrt und nachsinnend. „Vielleicht könnte ich 'mal mit dem Schatten sprechen, ich bewege mich 'mal so, wie ich ihn sehe. Dann weiß er, daß ich ihn erkannt habe.“ Die Erzieherinnen bemerken, daß Dirk allein und für sich Bewegungsabläufe ausprobiert. Immer und immer wieder vollzieht er Bewegungen, die sich ähneln und doch in Intensität und Dauer anders sind. Und ständig ist er mit seinem Körper aktiv und dabei, seine Ängste, inneren Bilder, Gefühle zum Ausdruck zu bringen.

Situationsorientierter Bewegungsausdruck heißt:

1. Das Kind schätzt sich in dem aktuellen Moment des Sich-Bewegens ein, wie es sich bewegen kann, was es für Möglichkeiten hat.
2. Aus dieser eigenen Einschätzung heraus, entscheidet es, sich in dieser oder jener Weise zu bewegen.
3. Es bewegt sich.

Jedes Kind hat einen ureigenen situationsorientierten Bewegungsausdruck, der wiederum abhängig ist von vergangenen Bewegungserfahrungen und Gefühlen. Spürt ein Kind in der Gegenwart eine herzliche Beziehung, so wird es dadurch ermutigt, seine Selbsteinschätzung in bezug auf seine Bewegungsfertigkeiten nicht so niedrig anzusetzen. Es wird risikofähiger, kann sich aus der Einschätzung „Ich kann etwas!“ heraus für experimentierfreudigere Bewegungen entscheiden, bewegt sich in veränderter Form.

„Hey, was ich kann! Ich bin ein Held!“ – der Ausruf von Kindern, die glücklich sind, neuartige Bewegungsmuster an sich entdeckt zu haben. Das stärkt Selbstvertrauen und Selbstwert. Wenn Selbstwert die entscheidende Basis ist, um das Leben lebenswert bewältigen zu können und Selbstwert durch Bewegungs- und Körpererfahrung entwickelt wird, dann hat „situationsorientierte“ Bewegungsdiagnostik und Bewegungsbegleitung im Kindergarten herausragende Bedeutung für die Stärkung des Kindes.

Beziehung ⟷ Selbstwert

↕

vielfältige Bewegungserfahrung

= Ich kann mich gut bewegen.
Das bin ich!

↓

Sicherer Bewegungsausdruck in Beziehung mit anderen.
Aus der Vielfalt der erprobten Bewegung heraus kann das Kind die günstigste Bewegung, Handlung auswählen aus der Freiheit der Auswahl.

↓

Tanzchoreographie als Ausdruck von Lebensplänen
= Getanzte Lebenspläne
Das Kind kann durch angereicherte Bewegungsfertigkeiten – das Repertoire – ausdrücken, welchen Lebensplan es hat.

Tanzchoreographie bedeutet immer, daß spontan erworbene Bewegungen bewußt zum Tanzen zusammengefügt werden, d. h. auch, daß der Lebensplan des Kindes immer wieder erzählt werden kann (Sublimierungsprozeß). Dieser Prozeß, Bewegung bewußt zu machen und in eine *individuelle* Tanzform zu bringen, ist wichtig, um bleibenden Ausdruckswert zu haben und um dem Kind zu ermöglichen, seinen Lebensplan nochmals zu tanzen, wenn es das möchte, als Verarbeitungs- und Kommunikationsmittel. Einzelne, mühsam erworbene Bewegungsmuster würden dem Kind verlorengehen, wenn es nicht bewußt wahrnähme, daß es gerade eine ganz individuelle und für es neuartige Bewegung vollzogen hat.

Eine „situationsorientierte" Bewegungsdiagnostik ist unabdingbar, um das Kind in seiner Bewegungs- und Tanzgestaltung begleiten zu können. Aus der Diagnostik heraus erkennt die Erzieherin, auf welche Situation des Kindes sie sich orientieren muß. Voraussetzung, um Kinder in ihrer Bewegung „situationsorientiert" beobachten zu können, ist, *wertfrei* Bewegungen zu analysieren anhand der im folgenden beschriebenen Fragen und Aspekte. Doch zuvor noch einige Bemerkungen dazu.

Da es sich um „situationsorientierte" Bewegungsdiagnostik handelt, wird den LeserInnen sofort die ganzheitliche Sichtweise auffallen.

Nicht Einzelbewegungen werden analysiert, sondern immer die einzelnen Bewegungen als Teil des Kindes, des kleinen Menschen, der sich im Moment mit einer bestimmten Kraft, langsam oder schnell, im nahen oder fernen Raum bewegt. Armheben, losgelöst gesehen von „situationsorientierter" Betrachtungsweise, führt zu einseitiger, übungs- und funktionsorientiert eingeengter Blickrichtung, etikettiert Bewegungselemente auf die gesamte Person. „Ein toller Tänzer", „ein bewegungsunsicheres Kind". Der „tolle Tänzer" hat vielleicht gelernt, seine Unsicherheit hinter der Fassade eingeübter Bewegungsvorgaben zu verbergen. Das sogenannte „bewegungsunsichere Kind" ist möglicherweise von der Umwelt zu einem solchen „abgestempelt" worden, indem sich durch ständig geforderte normierte Bewegungserziehung eigene Potenzen nicht entfalten, neue nicht herausbilden konnten. Das Kind wurde unsicher gemacht! Es ist nicht „bewegungsunsicher", sondern ist ein Kind mit Stärken und Schwächen, das ein Recht darauf hat, wahrgenommen, beachtet, geschätzt zu werden, und das vor allem auch ein Recht auf „situationsorientierte" Bewegungsdiagnostik durch die Erzieherin hat. Genau wie der „tolle Tänzer", der natürlich auch ein Kind ist, das nicht nur tanzt und toll ist, sondern auch Gefühle zum Ausdruck bringen möchte, die nicht in das Bild vom Supertänzer passen, das 'mal traurig sein möchte und „unschöne" Bewegungen zeigen möchte, die dann wiederum schön werden für das Kind, wenn es spürt, daß es sich zeigen darf, wie es eben ist – lustig, traurig, heiter, fröhlich, ernst, spontan, eben kindlich, natürlich, ursprünglich!

Was beinhaltet „situationsorientierte" Bewegungsdiagnostik?

Bewegungen sind, wie erwähnt, schon im Mutterleib sichtbar und bedeutungsvoll. Das Kind nimmt die vielfältigsten Eindrücke in seiner geschützten Hülle auf, Geräusche von der Mutter, ihre Einstellung, ob es gewünscht oder ungewünscht ist, Streßsituationen und vieles mehr. Diese Sinneserfahrungen wird es später in seinen Bildern, Zeichnungen zum Ausdruck bringen. Innere Bewegungssprache wird in äußerer Bewegung zum Ausdruck gebracht – in Spiel, Tanz, Verhalten und eben auch in Bilder- und Zeichensprache. Es erfolgt ein sogenannter Transfer von „Bewegung" in ein anderes Medium, in ein „Bild, eine Zeichnung" (intermedialer Transfer). Die Tänze der Kinder, ihre Bewegungen lassen – würden sie z. B. ihre Füße mit Farbe bestreichen – ein Bild entstehen. Viele Kinder malen real nach ihren ausgeführten Tänzen ein Bild.*

* Vgl. Krenz, A.: Was Kinderzeichnungen erzählen. Freiburg, 1996.

Punkt 5 im folgenden Diagnostikschema verweist auf diese Verknüpfung, ist aber in Klammern gesetzt, weil nur anwendbar von jener Erzieherin, die sich auch mit der Psychologie von Kinderzeichnungen auseinandersetzt, d.h. Zeichnungen von Kindern als Ausdruck von Lebensplänen in ihrem Erzählwert zu verstehen versucht. Bewegungs- und Bilderausdruck fachlich kompetent verknüpfen zu können, führt Erwachsene noch tiefer in die innere Welt der Kinder.

„Situationsorientierte" Bewegungsdiagnostik

1. Dominanz und Hemmung im Bewegungsverhalten
   (Bewegt sich ein Kind eher locker, gelöst oder eher gehemmt?)
   Welche Grundbewegungen führt es aus?
   - Liegen
   - Hüpfen
   - Gehen
   - Rollen, Drehen
   - Stehen
   - Schweben
   - Kriechen
2. Aktive und passive Körperteile
3. Persönlichkeitsebene
   senkrecht – aufrecht
   waagerecht
   am Boden
4. Bewegungsfaktoren
   Kraft (K)
   Raum (R)
   Zeit (Z)

(5. Bewegungsbild – Grapheme)

6. Anstrengungsbereitschaft; innere Kraft
   = effort – Qualität
7. Sonstiges
   Was fällt mir noch auf?

Die aufrechte Haltung, der kraftvoll eingenommene Standpunkt eines Kindes verweist darauf: „Schaut her, hier stehe ich, ich habe einen Stand-punkt für mich gefunden, den ich vielleicht auch verlassen möchte, doch dazu brauche ich Sicherheit."

Tanzt ein Kind verstärkt in der waagerechten Ebene (der kleine Dirk wurde zunehmend lockerer und bewegte sich mehr in den Raum hinein), so erzählt uns das Kind damit, daß es auf andere zugehen kann, bereit ist zur Kommunikation. Die waagerechte Ebene wird deshalb auch als Kommunikationsebene bezeichnet. Drehungen sind Standpunktveränderungen, bergen das Risiko in sich, nicht da anzukommen, wo man vielleicht hin wollte.

Die Bewegungsfaktoren Raum, Kraft und Zeit spielen für die Bewegungsbegleitung eine entscheidende Rolle, werden dort nochmals aufgegriffen, besonders auch im Zusammenhang mit der inneren Anstrengungsbereitschaft (effort). Sichtbar werden die Faktoren in folgender Weise:
Raum: nah – fern, Nähe – Distanz zu sich und anderen;
Kraft: stark – leicht;
Zeit: langsam – schnell.

Wie sich das Kind eigenständig, aus dem Inneren heraus bewegt, wie es tanzt, ist mit eigener Einschätzung, Entscheidung und daraus resultierendem Handeln verbunden. Bedeutungsvoll ist, ob und in welcher Intensität das Kind spürt, daß es Kraft *in sich* hat, die es befähigt, sich so zu bewegen. Diese *innere Kraft* (effort), durch Bewegungsentfaltung entwickelt, durch eigene Tanzchoreographie, überträgt sich auch auf andere Tätigkeiten wie beispielsweise – und diese Aussage ist von außerordentlicher Bedeutung – auf das Lernen in der Schule. Das Kind hat erfahren, daß es eine bestimmte Anstrengungsqualität hat, die es immer mehr anreichern kann, und es nutzt diese Kraft dazu, sein Verhalten auch in anderen Lebensbereichen selbst zu steuern. Am Beispiel des Ernährungsverhaltens sei das verdeutlicht: Ein übergewichtiger Junge erkennt durch Ausschöpfung seines Bewegungsschatzes und durch Entfaltung seines Repertoires seine inneren Qualitäten: „Was ich will, das schaffe ich!" Nicht aufgesetzte, kognitive gesteuerte Diäten führen beim Kind zum Erfolg des Abnehmens auf Dauer. Da das Ernährungsverhalten in hohem Maße von Gefühlen bestimmt wird, ist vielmehr die Selbsteinschätzung entscheidend: „Ich schaffe das, wenn ich will!" Dieses „Wollen" ist inneres Wollen und rührt aus der Anstrengungsbereitschaft. Gleiches gilt für die Übertragung auf den Lernprozeß in der Schule. „Ich spüre eine Kraft in mir, die mich dazu befähigt, auch mit unliebsamen Situationen umgehen zu können und Kompromisse zu schließen."

Situationsorientierte Bewegungserfahrung ist somit die Grundlage, um Lebensprozesse auf vielfältigen Ebenen meistern zu können. Ob Zorro- oder Drachentanz, Kinder bringen, wenn sie dürfen, mit viel Spaß und Phantasie ihre Bewegungen in einen gemeinsamen Tanz ein. Wichtig ist in jedem Fall, daß die Kinder ihre Tanzrolle selbst ausfüllen können durch phantasiereiche Bewegung im Zusammenspiel mit anderen. Die Musikauswahl kann dabei in einer Kinderkonferenz vorgenommen werden. Der gemeinsame Tanz ist mit den Kindern im Sinne eines Tanzprojektes zu gestalten.

Aus den getanzten Lebensplänen der Kinder, ihren Offenbarungen („Ich habe Angst! Ich bin unsicher! Wer bin ich? Was kann ich?“) wird ein Projektthema mit den Kindern gefunden (z.B. „Maskentheatertanz“ – Jana und Marcus haben den Vorschlag unterbreitet). Jedes Kind bringt nun seine Ideen, Bewegungen ein, Symbole werden gemeinsam gefunden, z.B. für Raum/Kraft/Zeit. Mit den Kindern kann somit eine Choreographie erstellt werden – aufgezeichnet und getanzt, sowohl die Bewegungsplanung als auch Ausführung. Auch könnten Kärtchen mit Grundbewegungsarten in lustiger Form von den Kindern vorbereitet werden. Jedes Kind kann dann das Kärtchen mit der Bewegung auswählen, die es gern ausführen würde. Mit dieser ausgesuchten Bewegung (z.B. gehen) kann dann variiert und ausprobiert werden. Gehe ich weit in den Raum oder bleibe ich lieber mehr auf der Stelle, setze ich viel Kraft ein oder weniger, bin ich langsam oder schnell? Im Raum, mit Kraft und in bestimmter Zeit variiert das Kind und entwickelt daraus einen kleinen Tanz mit seinen ganz individuellen Bewegungsabläufen. Die Kinder beobachten andere, greifen Ideen daraus und schöpfen Mut auf, noch mehr zu experimentieren.

Vielleicht besuchen die Kinder gemeinsam mit der Erzieherin eine Tanztheaterprobe. „Laß dich überraschen“, platzte Jana spontan beim Zeichnen ihres Clowns heraus.

Situationsorientierte Tanzprojektgestaltung eröffnet unzählige Möglichkeiten der Choreographie. Die Kinder sind motiviert, interessiert, begeistert, ganz beteiligt, da es ihre Situation ist, die mit diesem Tanzprojekt zum Ausdruck gebracht werden soll. Die ErzieherInnen, die sich überraschen lassen von der Bewegungsvielfalt der Kinder, werden überrascht sein, in gleicher Weise betroffen und berührt, welch' unerschöpfliches Vermögen Kinder haben, das im mitgestalteten Tanz zum Ausdruck kommt.

5. ErzieherInnen als Bewegungs- und TanzbegleiterInnen von Kindern – Kriterien zur „situationsorientierten“ Begleitung

Für eine Feier im Kindergarten, zu der auch Eltern eingeladen waren, hatten die Kinder die Idee, mit Müttern und Vätern gemeinsam zu tanzen. Voller Vorfreude wählten sie Musik aus. Zwei Titel waren die Favoriten – „Keine Schule“ mit den „Schlümpfen“ und „Alles nur geklaut“ von den „Prinzen“. Die Schlümpfe waren schließlich Sieger, nach einer heftigen Diskussion in der Kinderkonferenz über „Für“ und „Wider“ wurde abgestimmt. Der Titel sei einfach „cooler“ im Takt der Musik, schneller, die Eltern kämen bestimmt ins Schwitzen. So, der Tag war herangenaht, die Kinder waren aufgeregt, drei von ihnen übernahmen die „Moderation“. Sogar ein Mikrophon wurde organisiert. Nun denn. „Liebe Muttis und Vatis, kommt doch 'mal bitte in den großen Raum, gleich geht's los, wir wollen tanzen!“ Doch welche Enttäuschung, von etwa 40 Muttis und Vatis bewegten sich zwei Frauen und ein Mann im „Schlumpfenschritt“ gemeinsam mit Kindern und ErzieherInnen. Die anderen führten in einiger Entfernung Gespräche oder schauten zu. Wie schade!

Dabei kommt es nicht auf den perfekten Tanzschritt an, sondern einfach auf die ungehemmte, fröhliche Bewegung. Für Kinder ist es wichtig, daß sich Erwachsene bewegen, daß sie Freude am Tanz haben und sich vielleicht auch trauen, sich 'mal ganz unüblich für die Erwachsenenwelt zu bewegen – Purzelbäume, Bodenrollen, schnelles Drehen, Sprünge. Natürlich, Frauen und Männer könnten aus dem Gleichgewicht oder ins Wanken kommen. Aber das ist notwendig, um Gewohnheiten zu überdenken und eventuell neue Wege gehen zu können. Pädagogik bedeutet immer wieder Neuorientierung, verlangt Mut und die Risikobereitschaft, sich selbst als Entwicklungs- und BewegungsbegleiterInnen immer wieder zu erfahren in gelebter Beziehung zu Kindern. ErzieherInnen sind täglich gefordert, mit Kindern in Beziehung, in Aktion (Interaktion) zu treten, sie sind in steter Bewegung und reagieren auf Bewegungen der Kinder. Das alltägliche Leben vollzieht sich wie ein gemeinsamer Tanz – ob eng, weit, schnell, langsam, kuschelig, kraftvoll, immer den anderen/die andere be-achtend. So, wie die Erzieherin das Kind als Mensch wahrnimmt, der nicht geformt werden muß, sondern ein Recht auf seine eigene Bewegungsentwicklung hat, so richtet sie ihr tägliches Handeln, ihre Bewegungen aus, kann sie das Kind begleiten. Erkennt sie an, daß das Kind in diesem kleinen Alltagstanz Partner ist und ein Recht darauf hat, eigene Tanzschritte gehen zu dürfen, so wirkt sich diese Einstellung zwangsläufig auf die Beziehung zum Kind aus. Das Kind spürt, daß die Erzieherin versucht, sein Bewegungsverhalten als Ausdruck seines Lebensplanes zu verstehen, und erkennt, daß es auch Einfluß auf das tägliche Beziehungsverhalten hat. Es bewegt sich und erlebt eine Reaktion, d.h.: „Auf *mich* kommt es an. Ich bin wichtig, werde gesehen und zähle etwas. Ich kann etwas bewirken durch meinen Körper – mich – mein ganzes Bewegungsverhalten. Und, wenn ich noch nicht verstanden werde, muß ich mich anstrengen, daß ich mich besser ausdrücken kann. Dazu muß ich meine Bewegungsfähigkeiten erweitern. Ich weiß, daß ich das darf, ich kann der Erzieherin Impulse geben, aber ich brauche noch Begleitung.“

Bewegungs- und Tanzbegleitung erfolgt konsequent auf der Grundlage der Anerkennung der Rechte von Kindern. Das Kind schenkt der Erzieherin Vertrauen, offenbart sich und hat ein Recht darauf, geachtet und begleitet zu werden. Dieses einzelne Kind hat einen Wert für die Erzieherin. Wie es sich in der Gegenwart, am heutigen Tag bewegt, ist der Entwicklungsschritt, der wahrgenommen wird, respektvoll geachtet. Aus dieser notwendigen „situationsorientierten“ Grundeinstellung heraus gibt es keine vorgegebenen Sollgrößen, was ein Kind können soll oder nicht (Wer maßt sich an, für andere Maßgrößen zu setzen? Das eigene und selbstgewählte Maß ist entscheiden!). Das Kind wird beobachtet, was es *jetzt* kann, was es der Erzieherin zeigt. Davon ausgehend wird der künftige Weg beschritten. Das Kind ist immer sein eigener Tanzchoreograph. Jeder Choreograph braucht Assistenten an seiner Seite, die beim Aufbau des eigenen Lebenstanzes helfen.

Die ausgeführten Gedanken lassen sich wie folgt darstellen:

Anerkennung von *Rechten* der Kinder

↓

lebende, sich bewegende Beziehung (Voraussetzung, Fundament)

↓

„Situationsorientierte“ Bewegungs- und Tanzbegleitung

↓

wahrnehmungsoffen
↓
sensible Beobachtung
↓
Signale aufgreifen
↓
Bewegungsfertigkeiten,
Bewegungsfähigkeiten bewußtmachen
↓
Modell sein, damit Mut machen für weiteres Experimentieren
↓
Tanzchoreographie spiegeln
= Auswahl aus gewonnener Bewegungsfähigkeit
↓
Getanzte Lebenspläne

ErzieherInnen als situationsorientierte Bewegungs- und TanzbegleiterInnen:

haben 1. die Verantwortung, den Körper des Kindes so zu sehen und zu beachten, wie er ist, ohne ihn verbiegen zu wollen;

müssen 2. selbst Modell sein, in Selbsterfahrung ihre eigenen Bewegungsmuster aufspüren, um sich in ihrem Bewegungsverhalten noch veränderbar zeigen zu konnen;

sind 3. gleichzeitig kompetente sprachliche BegleiterInnen von Bewegungen, um damit Kindern zu verdeutlichen, daß sie verstanden werden.
(Ein Nachahmen von Bewegungen der Kinder könnte möglicherweise die Folge haben, daß ein Kind denkt, man mache sich lustig über seinen Körper.)
Der Bewegungsfluß, der Anstrengungsgrad der Bewegung ist mit Sprache auszudrücken.
(Das Baby, das sich aufrichtet, und die Mutter ruft: *Prima!*);

entwickeln 4. gemeinsam mit Kindern Tänze, Tanzprojekte.
(Nützlich ist immer eine Videokamera. Kinder nehmen sich in ihren Bewegungen wahr, erkennen Schwächen und Stärken, was Einfluß auf die Entwicklung von Körperselbstbild und Selbstwert hat – „Was *ich* alles kann!“);

sind 5. sensible AnwältInnen von Kinderkörpern.

Aus einer wertschätzenden Beziehung heraus ist die Erzieherin wahrnehmungsoffener, erkennt mehr Zeichen, Signale der Kinder, kann damit den Kindern Veränderungen verdeutlichen. Eine große Rolle spielt dabei, wie die Erzieherin sich selbst offenbart als Modell in ihren eigenen natürlichen Bewegungen. Sie hat damit die Chance, Kinder ermutigen zu können, sich ungezwungen bewegen zu dürfen. Insbesondere werden dadurch Kinder angeregt, andere Kinder in deren Bewegungsverhalten zu beobachten, was wiederum in besonderer Weise Modellcharakter hat. Kinder lernen dabei:

1. sich in den anderen hineinzuversetzen, in seine momentane Befindlichkeit, seinen Lebensplan (= soziale Kompetenz);
2. sich emotional zu beteiligen. Sie müssen sehr sensibel auf die Bewegungsmuster eingehen
   (= emotionale Kompetenz);
3. aufmerksam und konzentriert zu sein. Sie müssen ganz genau beobachten
   (= kognitive Kompetenz);
4. ihr eigenes Bewegungspotential zu erweitern
   (= motorische Kompetenz).

ErzieherInnen als Bewegungs- und TanzbegleiterInnen bereiten Kinder optimal auf die Schule vor. Sie helfen, Handlungs- und Bewegungskompetenzen auszubilden, indem sie Kindern die Möglichkeit bieten, ihre Kompetenzen durch aktives Bewegen, durch Spiel, Tanz zu erkennen und zu erweitern. *Ayres* spricht davon, daß Kinder im Alter von 7 Jahren durch Bewegungs- und Spielvielfalt ihre „sensomotorische Intelligenz" ausgebildet haben. Sie haben dabei gelernt, *wie* eigene Bewegungen in Aktion wirken, *was* sie durch sich selbst bewirken können. Nervenbahnen werden verknüpft, Brücken in sich und zu anderen aufgebaut. Das sind alles wichtige innere und äußere Prozesse.

Das Kind hat gelernt:

„Ich bewege mich *so*
mit einer bestimmten Kraft (K),
nah oder weit im Raum (R),
langsam oder schnell (Z)
↓
und habe durch diese Bewegung und durch den Einsatz dieser Bewegungsfaktoren K, R, Z
↓

diese Reaktion."

↓

„Aber *die* wollte ich doch gar nicht!"

↓

„Also muß ich mich das nächste Mal *anders* bewegen. Dazu muß ich innerhalb der Bewegungsfaktoren variieren und vor allem auch: Ich muß es selbst wollen (effort-Anstrengungsbereitschaft)."

Durch Anreicherung seines Bewegungsschatzes hat das Kind nun die Freiheit, auszuwählen und zu entscheiden, welche Bewegungsstrategie es das nächste Mal nutzt. Denkprozesse sind in Gang gesetzt.

Bewegungsbegleitung setzt immer voraus, die ganzheitliche kindliche Persönlichkeit im Auge zu haben. Der Einsatz der Bewegungsfaktoren setzt eine Entscheidung des Kindes voraus, die sich aus seiner Situation ergibt. Das Kind in der Anreicherung seines Bewegungspotentiales zu begleiten, heißt, Bewegungen immer als Folge innerer Bewegungen zu sehen, die sich nach außen verdeutlichen durch:

- Bewegungsfluß (gehemmt, locker, gelöst, stockend);
- Bewegungsfaktoren – Kraft, Raum, Zeit.

Wie sich ein Kind bewegt, ist damit eine Entscheidung des Kindes und verdeutlicht in gleicher Weise die *innere* Kraft (effort), über die das Kind verfügt. Wird das Kind nun begleitet, nicht indem Einzelbewegungen analysiert und verändert werden sollen, sondern dadurch daß *Antriebselemente* sensibel bewußtgemacht werden (das Kind bewegt sich schnell, im Stand, meist nur den Kopf bewegend – Zeit: schnell; Raum: nah; Kraft: viel Kraft im Kopfbereich). Bewegungsfluß stockend. Dieses Kind könnte begleitet werden, wenn es ausprobiert, wie es sich fühlt, wenn es langsamere Bewegungen in fließenderer Form vollzieht). Begleitung von Bewegungen erfolgt unter konsequenter Sichtweise der Bewegungsfaktoren mit Bezug auf die innere Einstellung, die Kraft, die Stärke und den damit verbundenen Bewegungsfluß. Das heißt, daß die Bewegungsfaktoren bei Kindern konsequent beobachtet und als Impuls aufgegriffen werden müssen.

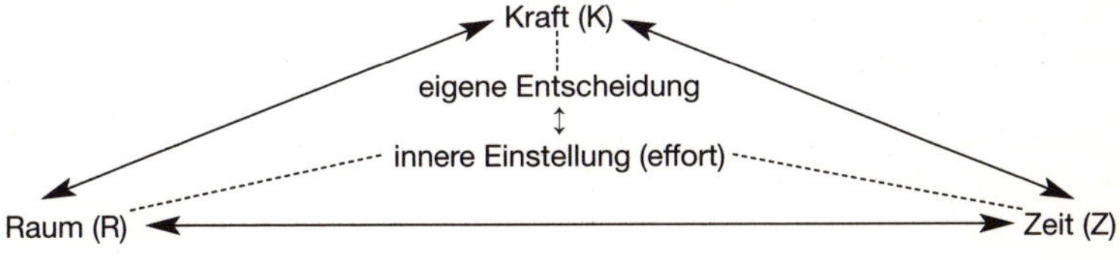

Entdeckt ein Kind diese innere Stärke, so ist dies auch damit verbunden, daß es sich aus *eigener*, bewußtgewordener innerer Kraft heraus verändert bewegt, sich anders verhält. Das Kind muß in diesem Entscheidungsfindungsprozeß begleitet werden. Es probiert die Einheit der Bewegungsfaktoren durch Variation von Elementen (Zeit – Raum, Kraft – Zeit, Kraft – Raum u. a.) aus. Damit spürt es sich immer als ganzheitliches Wesen. Keine Einzelfertigkeiten werden herausgebildet, sondern Fähigkeiten im Zusammenhang mit inneren ganzheitlichen Bewegungen und Impulsen. Das Kind nimmt sich, seinen Körper im Verhältnis zu Raum, Zeit und Kraft wahr, und es spürt dabei ganz deutlich die Auswirkungen seiner Stärke auf sein konkretes, gegenwärtiges Bewegungsverhalten. Das Spüren der Schwerkraft und das Austesten des Gleichgewichtes in Raum und Zeit und mit Kraft sind lebensnotwendige Erfahrungen auf dem Weg zur Entdeckung eigener Identität. Das Kind erfährt, daß es Kräfte in sich trägt, die mutmachend sind, um auch schwierige Lebensphasen bewältigen zu können. Doch um diese Stärken zu erkennen, braucht es Begleitung. Das Kind tanzt aus einem inneren Impuls heraus, den es durch das Bewegungsverhalten mit den Bewegungsfaktoren zum Ausdruck bringt. Der innere Impuls bringt die Bewegungsfaktoren nach außen.

Innenwelt des Kindes: Impuls ------------ innere Kraft, Haltung

↕ ↕

Außenwelt des Kindes: Bewegungsfaktoren
Bewegungsfluß
------------ äußere Haltung

Durch Variieren der Bewegungselemente verändert sich die Körperhaltung. Damit sind innere Prozesse verbunden. Äußeres wirkt auf Inneres und umgekehrt. Die innere Stärkung, Haltung führt dazu, daß sich das Kind selbstbewußter bewegt und seine Lebenspläne zum Ausdruck bringen möchte. Es hat Durchhaltevermögen entwickelt und ist damit in der Lage, für sich noch mehr auszuprobieren. Auf diese Weise entfaltet es sein Potential, entwickelt Fertigkeiten, Fähigkeiten, kann aus der Vielfalt auswählen und mit anderen durch die Sprache seines Körpers kommunizieren. Es tritt mit ErzieherInnen in Beziehung aus einer selbsterkannten Stärke heraus, gibt selbstbewußter Signale und wird damit deutlicher verstanden in dem Wunsch nach individueller Begleitung der Antriebselemente seiner Bewegung.

„Situationsorientierte“ Bewegungs- und Tanzbegleitung ist Verarbeitungshilfe und damit gleichzeitig Vorbereitung auf die Zukunft durch gegenwärtige Begleitung von Bewegungsvielfalt.

Kinder drücken – wie schon im Teil A des Buches dargestellt – ihre Lebenspläne aus durch:

- Träume;
- Verhalten;
- Spielen;
- Erzählen;
- Malen/Zeichnen;
- Bewegungen.

Diese Ausdrucksformen in der Gegenwart stehen in Wechselwirkung zueinander. Ein Kind, das liebevoll in seinen Bewegungsmustern begleitet wird, hat damit die Möglichkeit, auch seine gesamten anderen Ausdrucksformen zu entfalten. Dadurch erhält es die Chance, seinen Lebensplan umfassend der Außenwelt, den ErzieherInnen darzustellen. Es kann Signale bewußter aussenden und wird damit besser verstanden in seiner Suche nach Hilfe und Begleitung. Der Kindergarten wird für das Kind zu einem wichtigen Ort, an dem es seine Ängste, Konflikte, Erlebnisse ausbewegen kann und damit befähigt ist, die Zukunft angstreduziert oder auch frei von Ängsten gestalten zu können. Voraussetzung ist in jedem Fall, daß es das Fundament jeglicher Entwicklung aufbauen und sein genetisch angelegtes Bewegungspotential anzureichern und entfalten konnte.

Beachtung individueller Bewegungsmuster als Voraussetzung kindorientierter Kommunikation

Vergangenheit

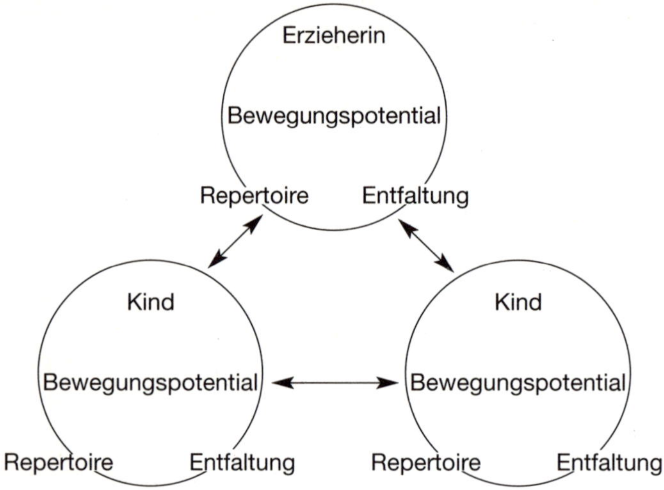

Die Erzieherin hat zu jedem Kind eine Beziehung, die Kinder wiederum auch untereinander. Diese Beziehung hängt davon ab, welches Bewegungsrepertoire das Kind und auch die Erzieherin aus der Vergangenheit in sich tragen und situationsorientiert zum Ausdruck bringen. Eine Erweiterung der Bewegungsfähigkeiten in der *Gegenwart* führt zur notwendigen Verarbeitungshilfe und zum gemeinsamen Tanz der Kinder mit der Erzieherin.

Gemeinsamer Tanz als Ausdruck individueller Lebenspläne – Entstehung eines „situationsorientierten" Tanzprojektes

Gegenwart

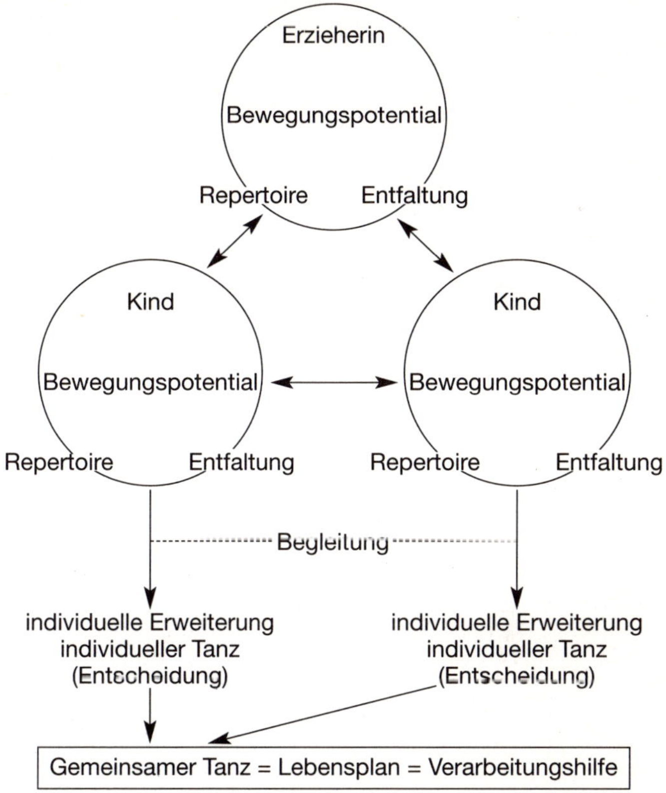

Aus dieser gegenwärtigen Bewegungsbegleitung heraus entwickeln sich individuelle Bewegungsabläufe für jedes einzelne Kind. Auch die Erzieherin verändert sich in ihrem Bewegungsverhalten, setzt ihre neu gefundenen Bewegungen ein in lebendiger Beziehung. Das Kind ist damit auf die Zukunft vorbereitet durch

Bewegungsvielfalt
↓
vielschichtige Steuerungsmechanismen
↓
Handlungs- und Bewegungskompetenz
↓
Freiheit zur Entscheidung.

ErzieherInnen begleiten täglich Bewegung, auch unbewußt. Wichtig ist, sich zur bewußten „situationsorientierten" Bewegungs- und Tanzbegleiterin qualifizieren zu wollen, um Kinder optimal in ihrer Entwicklung zu unterstützen. Kinder offenbaren ihre Seelen häufig einem Lichtstrahl gleich, sie lassen sie aus einer inneren Not heraus im Hier und Jetzt für einen wichtigen Moment leuchten. Der Junge bzw. das Mädchen hofft, gesehen zu werden. Doch wie viele Kinderseelen müssen sich weiterhin verstecken, weil Erwachsene einfach nicht wahrnehmen (wollen), was Kinder bewegt. „Situationsorientierte" Bewegungs- und Tanzbegleitung ist Chance und Notwendigkeit zugleich, das Körperselbstbild der Kinder und damit die „Natur der Seele" (Montessori) zu erkennen.

Nachwort

Mit diesem Buch sollte der Versuch unternommen werden, einerseits den „Situationsorientierten Ansatz“ anhand praktischer Hilfen zu verdeutlichen, andererseits die Bewegungsbegleitung von Kindern im Kindergarten zu beschreiben.

Die beiden Autoren hoffen, daß durch die detailliert dargestellten Inhalte viele Fragen aus der Praxis beantwortet werden konnten. Dennoch sind sich beide Autoren bewußt, daß jede Praxisstelle aufgrund ihrer besonderen Bedingungen und Ausstattungen auch mit einrichtungsspezifischen Problemen und Fragen konfrontiert ist. Fragen, die vielleicht in diesem Buch nicht beantwortet werden konnten.

Der „Situationsorientierte Ansatz“ will keine Rezepte liefern; er beruft sich auf eine humanistische Pädagogik und auf eine Entwicklungsbegleitung, die ein Fundament für eine kindorientierte Arbeit liefern. Dieses Fundament ermöglicht, in der jeweiligen Situation selbständig Lösungen zu entwickeln.

Sollten Sie, verehrte Leserin, verehrter Leser, auch nach längerem Suchen innerhalb Ihres Kollegiums auf bestimmte Fragen keine Antwort finden, um diesen Ansatz in Ihrer Praxis weiter zu qualifizieren, bieten die beiden Autoren an, daß Sie sich an diese wenden können.

Es bleibt zu wünschen, daß Sie das Buch mit viel Freude gelesen haben und voller Engagement *mit Kindern jeden Tag erleben*.

Armin Krenz & Roswitha Raue

Teil C: Literaturangaben

A) Literaturauswahl: Situationsorientierter Ansatz/Situationsansatz

● Beiträge in Fachzeitschriften

Dichans, W. und Strätz, R.: Situationsansatz – was ist gemeint? In: KiTa – Kindertageseinrichtungen aktuell, Ausgabe Brandenburg, Mecklenburg-Vorpommern, Sachsen, Sachsen-Anhalt, Thüringen und Berlin. Heft 6/1994, S. 105 ff.

Fichtner, H.-L.: Bausteine für eine Konzeption– Vierter Baustein: Methodisches Arbeiten in der Kindertageseinrichtung am Beispiel der projektorientierten Planung nach dem Situationsansatz. In: KiTa – Kindertageseinrichtungen aktuell, Ausgabe Niedersachsen, Schleswig-Holstein, Hamburg, Bremen. Heft 12/1995, S. 145 ff.

Höltershinken, D.: Situationsansätze – Positionen und offene Fragen. Zur Diskussion von Irmgard Launer und Jürgen Zimmer: Programm und Situationsansatz. In: klein & groß, Heft 11/12–1994, S. 32 ff.

Kettner, A.: „Kinder sind springlebendig. Helft ihrem Sprung, und erkundet mit ihnen zusammen das Leben." Zu Gast in einem situationsorientiert arbeitenden Kindergarten. In: TPS – Theorie und Praxis der Sozialpädagogik, Heft 5/1985, S. 236 ff.

Krenz, A.: Alptraum oder Selbstverständlichkeit. Der „Situationsorientierte Ansatz" in der Praxis. In: klein & groß, Heft 3/1995, S. 21 ff.

Krug, M.: Die Frage nach dem „richtigen Lernen". In: Welt des Kindes, Heft 3/1994, S. 6 ff.

Langhorst-Zahner, G.: Situatives Lernen im Kindergarten. In: Handbuch für Erzieher in Krippe, Kindergarten, Vorschule und Hort. (Hrsg.: Schüttler-Janikulla, K.). 17. Nachlieferung, 1988

Lill, G. und Sauerborn, J.: Projektarbeit – was ist das? Projektarbeit – was heißt das? In: KiTa-Info, Heft 3/1992, S. 7 ff.

Lipp-Peetz, Chr.: „Selbstverständlich arbeiten wir nach dem Situationsorientierten Ansatz!" Oder: Ist der Ansatz wirklich für jeden etwas? In: TPS – Theorie und Praxis der Sozialpädagogik, Heft 3/1983, S. 58 ff.

Zimmer, J.: Schlüsselsituationen: Lernen gehört zum Leben. In: Kinderzeit, Heft 3/1991, S. 8 ff.

Zimmer, J., Launer, I.: Programm und Situationsansatz – Was bleibt für die Pädagogik des Ernstfalls? In: klein & groß, Heft 4/1994, S. 6 ff.

- aktuelle Publikationen

Colberg-Schrader, H./Krug, M./Pelzer, S.: Soziales Lernen im Kindergarten. Ein Praxisbuch des Deutschen Jugendinstituts. Kösel-Verlag, München 1991

Kappesz, H.: Kreatives Leben mit Kindern. Der Situationsansatz im Kindergartenalltag. Verlag Herder, Freiburg 1994

Krenz, A.: Der „Situationsorientierte Ansatz" im Kindergarten. Grundlagen und Praxis. Verlag Herder, Freiburg 11. Aufl. 1997

Stoll, S.: Der Situationsansatz im Kindergarten. Möglichkeiten seiner Verwirklichung. FIPP-Verlag, Berlin 1995

Zimmer, J. (Hrsg.): Erziehung in früher Kindheit. Verlag Klett-Cotta, Stuttgart 1995

B) Literaturauswahl: Ausdrucksformen und ihre Bedeutung

Blaich, Brigitte: Wie deuten wir Kinderträume? Gütersloher Verlagshaus, Gütersloh 1995

Brazelton, T. Berry: Mein Kind verstehen. Entwicklungsprobleme der ersten Jahre. R. Piper Verlag, München 2. Aufl. 1992

Crotti, Evi und Magni, Alberto: Die geheime Sprache der Kinder. Kinderzeichnungen richtig deuten. Beust Verlag, München 1999

Di Leo, Joseph H.: Die Deutung von Kinderzeichnungen. Gerardi Verlag für Kunsttherapie, Karlsruhe 1992

Einsiedler, Wolfgang: Das Spiel der Kinder. Zur Pädagogik und Psychologie des Kinderspiels. Julius Klinkhardt Verlag, Bad Heilbrunn 1991

Fatke, Reinhard: Ausrucksformen des Kinderlebens. Phantasie, Spiele, Wünsche, Freundschaft, Lügen, Humor, Staunen. Verlag Julius Klinkhardt, Bad Heilbrunn 1994

Fink, Georg: Kinderträume. Ein Ratgeber für Eltern. Mit Lexikon der Traumsymbole. Falken Verlag, Niedernhausen 1993

Fleck-Bangert, Rose: Was Kinderbilder uns erzählen. Kinder setzen Zeichen – Gemaltes sehen und verstehen. Kösel-Verlag, München 2. Aufl. 1999

Freese, Hans-Ludwig: Kinder sind Philosophen. Quadriga-Verlag, Weinheim/Berlin 4. Aufl. 1992

Gardner, Howard: Der ungeschulte Kopf. Wie Kinder denken. Verlag Klett-Cotta, Stuttgart 1993

Harnisch, Günther: Was Kinderträume sagen. Traumbilder verstehen, deuten, gestalten. Verlag Herder, Freiburg 1995

Herder-Lexikon Symbole – mit über 1000 Stichwörtern sowie 450 Abbildungen. Freiburg 5. Aufl. 1997

Kestenberg, Judith S./Kestenberg-Amighi, Janet: Kinder zeigen, was sie brauchen. Wie Eltern kindliche Signale richtig deuten. Verlag Herder, Freiburg 1995

Kiepenheuer, Kaspar: Was kranke Kinder sagen wollen. Kreuz-Verlag AG, Zürich 2. Aufl. 1990

Krenz, Armin: Kinderfragen gehen tiefer. Hören und verstehen, was sich hinter Kinderfragen verbirgt. Verlag Herder, Freiburg 2. Aufl. 1995

Krenz, Armin: Seht doch, was ich alles kann. Was uns Kinder sagen wollen. Verlag Herder, Freiburg 2. Aufl. 1994

Krenz, Armin: Was Kinderzeichnungen erzählen. Kinder in ihrer Bildsprache verstehen. Verlag Herder, Freiburg 1999 (Neuausgabe)

Lapierre, Andre und Aucouturier, Bernard: Die Symbolik der Bewegung. Psychomotorik und kindliche Entwicklung. Ernst Reinhardt Verlag, München 1998
Lebeus, Angelika-Martina: Wenn Kinder malen. Kinderbilder und was sie uns sagen. Beltz Verlag, Weinheim 2. Aufl. 1997
Link, Manfred / Wieczorek, Emil: Wenn Kinder Probleme haben. Psychische Störungen verstehen und wirkungsvoll helfen. Rowohlt-Taschenbuch-Verlag, Reinbek/Hamburg 1987
Meili-Schneebeli, Erika: Wenn Kinder zeichnen. Bedeutung, Entwicklung und Verlust des bildnerischen Ausdrucks. Verlag pro juventute, Zürich 1993
Mogel, Hans: Psychologie des Kinderspiels. Die Bedeutung des Spiels als Lebensform des Kindes, seine Funktion und Wirksamkeit für die kindliche Entwicklung. Springer Verlag, Heidelberg 2. Aufl. 1994
Oerter, Rolf: Psychologie des Spiels. Ein handlungstheoretischer Ansatz. Beltz Verlag, Weinheim 1999
Pas Bagdadi, Masal: „Ich koch dich, ich freß dich und dann mach ich dich tot!" Verstehen, was Kinder meinen. Patmos-Verlag, Düsseldorf 1994
Riedel, Ingrid: Farben – In Religion, Gesellschaft, Kunst und Psychotherapie. Kreuz-Verlag, Zürich 1999
Rombach-Asboth, Ingrid: Wenn die Kinderseele weint. Seelische Nöte erkennen und verstehen. Kösel-Verlag, München 1999
Rossetti-Gsell, Verena: Spielen – Sprache der kindlichen Seele. Verlag Herder, Freiburg 1998
Schuster, Martin: Die Psychologie der Kinderzeichnung. Springer-Verlag, Heidelberg/Berlin 1990
Sherborne, Veronica: Beziehungsorientierte Bewegungspädagogik. Ernst Reinhardt Verlag, München 1998
Sommer, Rene: Der Baum steht mitten im Fluß. Was Kinderträume sagen können. Walter Verlag, Zürich und Düsseldorf 1997
Stein, Arnd: Wenn Kinder aggressiv sind. Wie wir verstehen und helfen können. Kösel-Verlag, München 6. Aufl. 1995
Woolfson, Richard: Kinder und ihre Körpersprache. Verlag Herder, Freiburg 1997
Wüthrich, Käthy / Gauda, Gudrun: Botschaften der Kinderseele. Puppenspiel als Schlüssel zum Verständnis unserer Kinder. Kösel-Verlag, München 1990
Zimmer, Katharina: Versteh mich doch! Über die alltäglichen Mißverständnisse zwischen Kindern und Erwachsenen. Kösel-Verlag, München 1992
Zoller, Eva: Die kleinen Philosophen. Vom Umgang mit ‚schwierigen' Kinderfragen. Verlag Herder, Freiburg 1995

C) Literaturauswahl: Bewegung und Tanz

Ayres, A. J.: Bausteine der kindlichen Entwicklung. Springer Verlag, Berlin 2. Auflage 1992
Jacobs, D.: Die menschliche Bewegung. Kallmeyer Verlag, Wolfenbüttel 6. Auflage 1990
Kestenberg, J. S., Kestenberg-Amighi, J.: Kinder zeigen, was sie brauchen. Wie Eltern kindliche Signale richtig deuten. Herder Spektrum Verlag, Freiburg 1993
Melas, I.: Die natürliche Bewegung. Energie bewahren. Körperbewußtsein entwickeln. Harmonie finden. Trias Verlag, Stuttgart 1993

Milz, H.: Der wiederentdeckte Körper. Vom schöpferischen Umgang mit sich selbst. Deutscher Taschenbuch Verlag, München 1992
Molcho, S.: Körpersprache der Kinder. Mosaik Verlag, München 1992
Morris, D.: Babywatching. Was Dir ein Baby sagen will. Heyne Verlag, München 1992
Reichelt, Fe.: Atem, Tanz und Therapie. Brandes & Apsel, Frankfurt 1990
Stern, D.: Tagebuch eines Babys. Was ein Kind sieht, spürt und denkt. Piper Verlag, München 1991
Stern, D.: Mutter und Kind. Die erste Beziehung. Klett-Cotta, Stuttgart 2. Auflage 1994
Teegen, F.: Die Bildersprache des Körpers. Gesundheit kann gelernt werden. Rowohlt Verlag, Hamburg 1992
Winnicott, D. W.: Reifungsprozesse und fördernde Umwelt. Kindler, Verlag, München 1974